JN060614

現代教育入門

岩永雅也・岩崎久美子

現代教育入門（'21）

装丁・ブックデザイン：畑中　猛

m-12

まえがき

　今から1世紀以上前，アメリカ史上最も影響力の大きかった教育学者であるジョン・デューイは，「教育とは，経験の意味を増加させ，その後の経験の進路を方向づける能力を高めるように経験を改造ないし再組織すること」であって，その意味で「幼児期も青年期も成人の生活もみな同様の教育適齢段階にある」と明言している（ジョン・デューイ／松野安男訳『民主主義と教育（上）』（1975）岩波書店，p.127）。近代における教育の定義としては最も広い意味での捉え方である。彼の教育への視野は，私たちに馴染み深い学校教育にとどまらず，家庭教育，職業上の訓練，日常的な活動での何気ない活動，読書など，おおよそ経験を改造し再組織するすべての機会を含む広汎なものであった。

　実際，今日の日本社会を見ても，教育が学校内にとどまるものでないことは明らかである。もちろん，資金（予算）や人材の配分にしても，また社会的な存在意義にしても，学校教育が非常に大きな位置を占めていることは事実であり，そこにのみ関心が集まりがちであることは否定できないが，現実には学校教育の外にあって教育的な機能を果たしている活動や組織，制度も少なくない。現代日本の教育を見るにあたって，学校教育だけでなくその周辺あるいはそこから大きく離れた教育や学習活動にも視野を広げる理由がそこにある。本書は，そうした問題関心に則り，現代日本の教育を見ていく中で，その特性や問題点，課題を広く考えていこうという趣旨で編まれている。この観点に立ち，教育学の異なる専門領域からさまざまなアプローチによる議論が試みられている。そのような視野の広さが本書の第一の特徴である。

　その上で，本書ではとりわけ「現代の」教育事象に注目する。特に，

1990年代以降の人口動態，経済，産業，社会そして国際関係等の状況変化に伴う教育の動向に焦点を当てる。その現代性が本書の第二の特徴である。1990年代は，社会が大きく変動し，教育の内実が私事化の方向へと大きな転換をみた分水嶺の時期である。バブルの昂進と崩壊，国際競争の激化，経済のグローバリゼーションの加速といった経済変動に応じて，日本の伝統的な経営慣行であった終身雇用や年功制の維持が難しくなり，高年齢層の解雇や新卒者の就職難などが顕在化した。産業界からは経済自由化が強く求められ，新自由主義的な自由化や多様化を目指した教育改革が実行された。そのため，公教育においても，消費者の視点に立った学校選択制などの保護者の自由選択の範囲が増えていった。これらのことは，保護者の声を学校教育に反映させる方途であったが，一方で，家庭の教育力や経済力あるいは文化力といったものに根差す教育格差を表面化させていくことにもつながったのである。

　教育は未来を志向して行われる営みであり，社会の変化に伴い，絶えず変化していくべき存在である。しかし，この絶え間ない社会の変化の中で，未来を生き新しい社会を構成していく子どもたちに対し，また，流動的で予測不可能な社会を生き抜くおとなにとっても，どのような教育や学習が望ましいものなのか，といった問いは常につきまとう。

　すべての読者にとって，本書が，この問いに真摯に向き合い，社会全体や個人の福利に果たす教育や学習の機能そして役割についてあらためて考えを深める契機となるのであれば，それはわれわれにとっても望外の喜びである。

2020年12月

岩永雅也　岩崎久美子

目 次

8

1 | 現代教育の見方・考え方

岩永雅也／小川正人

《目標＆ポイント》　本書の目的は，現代日本の教育状況とそこで生じている
教育事象を紹介し，それらをさまざまな角度から検討することにあるが，そ
れに先立ち，ここではまず教育の意味について基本的なところでの共通理解
をした上で，教育事象をどのような視座，観点から検討していくのか，そこ
に現代という時代の社会背景はどのように関わっているのかについて理解を
深めていく。あわせて，本書における議論を概略紹介する。
《キーワード》　ペタゴジー，エデュケーション，フォーマル教育，インフォ
ーマル教育，ノンフォーマル教育，戦後改革，学校教育，社会変動，高度知
識情報社会

1. 教育事象への視座

（1）教育への関心

　日本は伝統的に教育を重要視する社会であった。その日本においても，
過去20年ほどの間に教育への社会的関心がさらに高まっている。たしか
に，それまでにも受験地獄や詰込み教育，落ちこぼれ，校内暴力，学級
崩壊等々といった教育領域での種々の問題が起こり，社会的な論議が活
発に展開されることはあった。しかし，それらの問題事象は，教育政策
や行政，学校，地域社会，そして家庭といったさまざまな場において"対
策"がとられることで収束させることが可能であり，また，実際に多く
の問題がそのようにして解決へと向かっていった。

　現在の教育論議はそれらのどの場合とも趣を異としている。現在の日本の教育には，社会的に注目を集めるような激しい問題は生じていない[1]。それにもかかわらず，教育への関心は高まっている。関心の対象は，より根本的あるいは構造的な部分である。「学力とは何か」「優れた学校・教師とは何か」「教育への支出は十分か」「行政は教育にどこまで・どう関わるべきか」「教育における自由と平等をどうバランスするか」「（9月入学も含め）国際化にどう対応すべきか」等々，個別具体の諸局面に分かつことのできない，教育とその制度の本質に対する関心が高まっているのである。

　ここでの議論は，そうした問題意識を持ちつつ，現代日本の教育の姿を客観的かつ体系的に把握し認識することを目的として展開されるものである。教育という，あまりに日常的で誰もが関りを持つ（持ったことのある）社会的営為・機能・構造に対して，その実際のありようを現実に即し客観データもつぶさに見ながら，社会的背景とともに理解し考えていこうというのが本書の目的である。その議論にあたり，まず，教育という概念の意味するところの基本的な整理から始めることにしよう。

（2）教育の意味するもの

　日本語における「教育」は，江戸末期または明治初期の造語（訳語）だというのが通説である[2]。原語は英語で「ペダゴジー（pedagogy）」，または同じく英語で「エデュケーション（education）」である。前者の語源は，「子どもを導く技術」と言う意味を持つギリシア語に求められる。つまり，教育とは本来子どもを対象とし，彼らを導く技（わざ）だ

1　新型コロナウイルス感染症による学校閉鎖や学習遅滞の問題はあるが，それらは「教育問題」というより「教育の被った（一時的な）問題」であるため，本書では触れない。

2　教育論の最初のものは，1882年（明治15年），アメリカに学んだ伊沢修二の『教育学』。言葉としての教育は，江戸幕府の蕃書調所翻訳役の箕作麟祥が欧米語から訳したのが日本における初出とされる。

ったのである。ペダゴジーは，また学問としての教育学，特に実際の教授法や指導法を論ずる場合の教育学という意味でも用いられることがしばしばある。一方のエデュケーションはラテン語の *educare* を起源とする言葉で，「内なるものを引き出す」「助産する」という原義を持つとされている。このことから，「教育とは教え込むことではなく持っている能力を引き出すことである」という欧米の伝統的な教育観も生じていると考えられる。

　日本で日常的に用いられている教育という概念にも，「教え育てる」という語義の背景として，上記のような「導く」という教育観と「引き出す」という教育観が存在することは確かである[3]。ただ，どのような教育実践が前者で何が後者かと分別する見方は必ずしも正しくない。というのも，例えば，特定の職業訓練機会のように新たな知識技能を教授する場合でも，個々人の持っている潜在能力や可能性を引き出すことなく一方的に刷り込むことは著しく非効率であるし，自由な発想を引き出すかつての進歩主義教育のような教育機会であっても，基礎的な知識や考え方の教え込みなしに教育を進めることは不可能だからである。つまり，教育という営為の根底には，例外なくその二つの教育観があって，ある場合には前者が，またある実践には後者がそれぞれ優越すると見るのが現実的だということである。

（3）さまざまな教育とそれらを取り巻く諸制度

　そうした教育の基本的な意味を踏まえた上で，実際の教育という活動や制度について見てみよう。教育という営為が広範かつ多様な内容を含んでいることは言うまでもない。学校教育から家庭教育，職場での先輩から後輩への技術的なアドバイス，メディアの視聴や書籍の購読等々，広い意味で捉えれば，人間の関わるコミュニケーションのすべてがその

3　岩永雅也／星薫編『教育と心理の巨人たち』2010．pp.14-27参照。

範疇に含まれるといっても過言ではない。われわれがそうした多様な教育事象を見て理解し，検討の対象とする際には，それらがどのようなタイプの教育であるかを念頭に置いておくことが重要となってくる。

20世紀前半のドイツの教育学者クリーク（Krieck, E.）は，その著『教育哲学』の中で，教育を「無意図的教育」「半意図的教育」「意図的教育」の三層に分けて広く捉えた[4]。無意図的教育とは，日常一般の社会生活の中で行われる人間形成を指し，半意図的教育とは，例えば政治活動や宗教活動など，教育的意図以外の目的で行われる人間形成を指し，そして意図的教育とは，学校教育のように明確な目的と計画性，定型性を有する教育を指す。そのように学校教育に包摂されない意図的でない人間形成をも教育として広く捉えるという枠組みは，彼の偏った政治的姿勢とは離れたところで一定の評価を得ている。

教育を広く捉え，その形態と意味によって類型化して把握するという教育の見方は，第二次世界大戦後に OECD（経済協力開発機構）や CEDEFOP（欧州職業開発訓練センター）等の国際機関あるいは生涯教育の研究者らにより整理されて，**表1-1**に見るような諸類型にまとめられている[5]。意図的教育のうち，フォーマル教育は基本的に学校や公的教育訓練機関による教育であり，教育の目的，内容，方法，期間，教

表1-1　広義の教育の諸類型

意図的教育	フォーマル教育 ➡ 学校教育
	インフォーマル教育 ➡ 家庭教育，職場での OJT など
	ノンフォーマル教育 ➡ 成人学級，企業の Off-JT，公的職業教育訓練など
無意図的教育	日常的社会化，隠れたカリキュラムなど

4　エルンスト・クリーク著，稲富栄次郎，佐藤正夫訳『教育哲学』(1943, 育芳社)。クリークは三層の教育の中でも政党による半意図的教育を重視し，早い時期からナチスの理念による国民の陶冶の正当性を主張した親ナチズムの教育学者として，今日ではネガティブに評価されている。

授者の資格等に関する一定の社会的基準に適合した組織的で構造化された教育機会である。インフォーマル教育は，家庭での家族間，職場での職員間，観光の場等々，あらゆる場面で行われ得る，何かを教えようという意図はあるものの，定型性のない，制度化・構造化されない（つまりインフォーマルな）教育機会である。家庭生活の合間に行われる家庭教育，職務を遂行しながら行われる OJT（オンザジョブトレーニング）等がこれにあたる。ノンフォーマル教育は，教授者と学習者，スケジュール，指導の計画等一定の形はある（インフォーマルではない）ものの，フォーマル教育ほど制度化されたカリキュラムや卒業認定などを伴わない（フォーマルでもない）教育機会で，フォーマル教育とインフォーマル教育の中間的な形態ということができる。

　一方，無意図的教育は，教える側に教えるという意図がなく，学ぶ側にも学ぶという意識がない教育機会であり，例えば，乗車を待つ列に割り込もうとしたら怒られて反省した，テレビドラマを視聴して他者との接し方を学んだ等の場面で，結果として教育効果を認められるような教育機会である。学校教育の現場で話題になる「隠れたカリキュラム」（教える側にその意図がないのに学ぶ側に伝わってしまうような教育内容）[6] なども一種の無意図的教育ということができるだろう。

　本書では，現代の教育というテーマのもと，全体を通じて，学校教育だけにとどまらないそうした広義の教育を対象とし，その教育プロセスや活動そしてそれを取り巻く組織や制度の今日的な姿とそれらの背景，および今後の課題等について，以下，詳しく見ていくこととする。

5　P. H. Coombs with M. Ahmed, *Attacking Rural Poverty: How Nonformal Education Can Help* 1974. p.8 より作成。

6　"hidden curriculum"（英）の訳で，学校教育の潜在機能の一つとして論じられている。中学校の男女別制服，出席簿の並び順，教師の子どもたちへのラベリング効果，学校（学級）内文化の伝達など，学校教育の広範な部分で隠れたカリキュラムの存在が指摘されている。

（4）現代教育の見方・考え方

　2016年12月，中央教育審議会は「幼稚園，小学校，中学校，高等学校及び特別支援学校の学習指導要領等の改善及び必要な方策等について」と題する答申を発表した。その中で，2020年度から施行される新学習指導要領に関して，これからの学びにおいては「主体的・対話的で深い学び」が重要だという指摘が行われ，その際，事物に対する「見方・考え方」が極めて重要だという認識が示された。答申は，単に知識を教科書から写し取って記憶するのではなく，習得・活用・探究という学びの過程を通じて資質・能力がさらに伸張し，また新たな資質・能力が育まれ，それによって「見方・考え方」が更に豊かなものになる，という好循環の関係があるべきだとしている。

　実は，こうした認識の要点は，学習指導要領が関わる学校教育に関してのみ当てはまるものではない。広くわれわれが事物のあり方を把握し，それがいかなるものかを認識して理解する過程は，まさに「見る・考える」過程そのものであり，誰か権威ある者が見た結果，考えた結果を教科書的に学んで記憶する過程であるべきではない。本書がテーマとする現代の教育事象を理解してそこから教育に対する自分なりの新たな認識や理解を得るためにも，単に知識を得ることではなく，それを得るため，導き出すために「どう見るか」そして「どう考えるか」といった姿勢と方法とを身につけることが何より重要なのである。本書が，単に今日の教育事象に関する事柄の認識と記憶のためではなく，何より現代教育に対する「見方・考え方」の涵養を意図して編まれることを強調しておきたい。

2. 戦後日本の社会変動と教育

(1) 戦後教育の時期区分

　現代の教育事象，教育状況を見ていくにあたって，その「現代」という視座について確認しておく必要があろう。本書において現代あるいは今日という場合の時間概念は，直近の，2010年代以降の時期を指すものである。しかし，今日の教育とそれに関わる社会的背景を理解するためには，そこに至るまでの時期，つまり第二次世界大戦後以降の教育状況とその社会的背景の変遷についても認識しておく必要がある。なぜそうなったのか，という振り返りの理解なしに今日の教育状況とその課題を理解することは難しいからである。ここでは，戦後現代までの日本の教育とその背景としての社会の変遷を大きくまとめて時期区分を試みる。
表1-2は，戦後日本社会の構造的転換とそれに対応する教育状況の変化について，主に"敗戦〜1980年代まで"と"1990年代〜現在まで"の2つの時期に区分した上で，それぞれの時期区分ごとにその特性を項目ごとに対比して見たものである。以下，この時期区分に従って，それぞれの社会・教育状況の変化を項目別に見ていくことにしよう。

表1-2　**戦後日本の経済・産業・就業の構造転換と学校教育への影響**

	敗戦〜1980年代まで	1990年代〜現在まで
社会・経済環境	・欧米先進国への「追いつき型」近代化と持続的経済成長 ・自動車・家電等を中心とした大量生産型製造業	・低成長（安定成長） ・製造業は多品種少量生産（デザイン・機能等），新興国の追い上げと工場等の海外移転 ・高度知識情報社会（経済のソフト化，第三次産業が主流に）
雇用環境と要請される労働力	・持続的経済成長による慢性的な若年労働力不足⇒学校から職業	・産業・就業構造の流動化・変化による需要と供給のミスマッチ

	・への「間断の無い移行」＝高卒・大卒の安定的雇用確保が課題 ・大量生産型製造業に対応した均質で一定レベル以上の基礎的知識・技能，集団性・協調性の育成	・⇒学校から職業への「間断の無い移行」の困難化＝高卒・大卒の失業・非正規雇用等の雇用不安定化 ・社会経済の高度知識産業化，サービス産業化に対応した顧客ニーズに即した個別的なサービス，企画・経営，多様な発想と創造性・開発力 ・異業種・異能を超えてコミュニケーションやコーデイネートできる交渉力等
企業・組織の採用・人事	・日本型雇用人事・給与体系（長期雇用・年功的賃金＝家族形態に則した生活給的賃金上昇⇒養育費，教育費は子どもの成長に伴う年功賃金や扶養控除等で捻出できる仕組み） ・採用時に，基礎的知識・技能等のような「一般的能力」＝トレナビリティ（組織内の教育・訓練を効率的にこなす訓練可能性）さえあればよいとされる ・高卒・大卒の新規卒業生を一括採用した後，企業・組織内で必要な資質・能力を研修・OJTを通して開発⇒労働市場の内部化	・日本型雇用人事・給与体系の変容・崩壊＝不安的雇用，生活給的賃金上昇は困難⇒子育て・教育費の捻出が困難 ・企業・組織は，内部で研修等をして必要な能力開発をする時間的・財政的余裕を喪失⇒企業・組織の必要に応じて中途採用，非正規雇用等＝即戦力と個人の自己研鑽力（意欲）を重視 ・具体的な実績・職務遂行能力，成果に結びつくコンピテンシー，エンプロイアビリティが求められる⇒労働市場の外部化
企業・組織の採用基準と方法	・「一般的能力」＝トレナビリティ⇒大学入学試験（学歴）で代替 ・学校で何を学び，何が出来るかはあまり重視しない	・即戦力と自己研鑽力（意欲）⇒大学卒業まで何を学び，何が出来るか＝学歴「不問」と実績重視

大学教育と入学試験	・どのような学生を入学させ，どんな力を育成して卒業させるかという体系的な教育カリキュラム方針が無く，個々の教員や教員集団に委ねられた ⇔試験・卒業等の評価基準が不明確 入学選抜は，集団準拠による序列と「落とす」ための試験	・各大学の学生募集とどんな力を育成して卒業させるかを明示する社会的責任が問われる ⇔大学として体系的な教育カリキュラムの確立と試験・卒業評価基準の明確化，卒業時に必要な学力のチェックと何が出来るかの具体的能力の審査
学校外教育と家庭教育	・社会の学校化の進展 ・学歴主義に象徴される生涯の多くの局面への学校教育の関与 ・家庭教育の軽視 ・塾や受験産業等の学校外教育機会の軽視	・臨教審答申をきっかけに学校スリム化（学校週5日制など），「ゆとり」が進展し，教育内容の圧縮に伴い家庭教育の重要性を強調（新しい学力観）⇒近年「ゆとり」の見直しという形で揺り戻し ・民間教育産業の公教育への積極的導入（教育自由化の進展）

（出典）小川 2019 p.37（一部修正・加筆）

（2）戦後改革から1980年代まで

　日本の学校教育の特徴は，日本の社会・経済が時々の世界史上にどう位置づけられたかによって規定される。ロナルド・ドーア（Dore, R.）の『学歴社会　新しい文明病』は，「後発効果」という概念を使い，日本を含め世界史上において後れて近代化を開始した国々では，「追いつき型」近代化の国家目標の下に人材の選抜機能を強める教育制度が国主導で急速に整備されることを分析した[7]。「後発効果」の概念は，「追いつき型」近代化の達成という国家目標の下に，国主導による人材選抜・育成と社会的統合の機能を強く有した戦前日本の教育制度を説明するうえで説得力があるが，それだけでなく，戦後改革から1970年代までの教

7　ロナルド・ドーア／松居弘道訳『学歴社会　新しい文明病』1978．岩波書店

18

育制度の展開を説明する上でも同様に有効である。敗戦国日本の再建戦略においても，政府は日本経済の重化学工業化による欧米先進国へのキャッチアップという戦略を採り，それと連動した教育政策は，高校・大学進学率を短期間に急上昇させ，学校教育の社会的な選抜と統合の機能を強めていくことになった。

　また，日本の学校が社会的な選抜・統合の機能を強めた他の要因として，戦後の高度経済成長下で定着したとされる日本の経営・雇用の特質も指摘されている。長期雇用，年功制（賃金・人事），企業別労働組合と総括される日本型経営・雇用の特徴は，新規学卒者の定期的な一括大量採用と入職後の組織内教育・訓練，職務の集団的遂行という形態をとる。新規採用の人材は一つの組織に長期勤務することを奨励されるが，それは新規採用の人材が組織内で様々な仕事・部署を経験し教育訓練を経てその組織が必要とする専門的知識・技能，資質・能力を身に付けていくため，彼らの早期退職・転職は経済的な損失と考えられたからである。人材の長期勤務を奨励・定着させるために，組織内の福利厚生を充実し長期に勤続すればするほど給与・処遇で有利になるように工夫された（勤続給，年功賃金，退職金制度等）。こうしたシステムの下では，新規学卒者に求められる能力は「一般的能力」（トレーナビリティ：訓練可能性）といわれる。即ち，仕事に必要とされる具体的で専門的な職務遂行能力は，入職後に実際の仕事や組織内教育訓練で身に付けていくことが期待されるため，それらを効率的に熟すことのできる一般的能力が重視される。そうした能力を正確に測り選抜するノウハウを採用側が独自に持っているわけでもないため，社会的に一つの制度として定着している学校の選抜つまり入試難易度による学歴の階層が利用されたのである（岩田 1981）[8]。

8　岩田龍子『学歴主義の発展構造』1981．日本評論社
9　野口悠紀雄『変わった世界　変わらない日本』2014．講談社現代新書

表 1 - 3　世界的な経済システムと産業の変遷

工業（製造業中心）　⇒　サービス産業・情報産業（高度知識情報社会）			
1760年	1870年	1995年	2030年
第一次産業革命	第二次産業革命	第三次産業革命	第四次産業革命
（蒸気機関）	（内燃機関・電気モーター）	（パソコン・インターネット・特化型 AI）	（汎用 AI）

（出典）井上 2016 p.153

（3）1990年代から現在まで

　1980年代に経常収支の黒字を増大し続けた日本経済は，その後，1992年のバブル崩壊で長い低迷の時期に入る。日本の経済・社会が「順風満帆」であったかに見えた1980年代は，世界的には新興国の工業化が急速に進み世界の製造業競争力地図を大きく変え，また，新たな成長産業として金融，情報等の高度サービス産業分野を拡大するなど産業・就業構造の大規模な再編成が進んだ時代でもあった（野口 2014）[9]。バブル崩壊以降の日本は，そうした新たな世界的な産業・就業構造の再編とグローバリゼーションを背景に，経済・社会や教育等の各分野で本格的な構造改革を迫られることになった（井上 2016）[10]。

　表 1 - 3 にあるように，1990年代以降は人工知能（AI）等の生産技術の飛躍的発展により，産業・就業構造と勤労者の業務形態が大きく変化してきているが，今後，人工知能等の更なる飛躍的発展により第 4 次産業革命と言われるような高度知識情報社会の到来が想定されている。1990年代以降の日本の教育は，そうした社会経済的状況に適応しつつ，80年代までとは大きく異なるありようを見せている。そうした変化が今日の教育事象，教育状況にいかなる影響を及ぼし，教育をどのように変えているのか，以下の各章で詳細に検討していくことにしよう。

10　井上智洋『人工知能と経済の未来−2030年雇用大崩壊』2016．文春新書

3. 『現代教育入門』の構成と視座

（1）学校教育（フォーマル教育）の視点から

　本書では，教育を先に見たフォーマル教育とその周辺，およびインフォーマル教育・ノンフォーマル教育の各視点から教育事象を区分けし，それぞれについて注目すべきテーマを設定してそれらの現状を論じていく。まず，学校教育つまりフォーマル教育そのものに関するテーマである。第2章では，教育制度の弾力化によってもたらされた小中一貫校など学校制度の新たな形態について，その特徴や課題を検討する。第3章ではやはり学校教育について，子どもたちが身につけるべき学力に焦点を当て，コンピテンシー（職務遂行能力）とカリキュラム（教育課程）の観点から考察していく。続く第4章においても，学校教育を題材に，教授 - 学習過程に関する検討を行う。とりわけ，情動や学習動機に関する学習科学や脳科学の成果あるいは ICT 技術の進展を踏まえた新しい教授 - 学習プロセスがどのように導入されているかを紹介しつつ，そこに生じている課題についても検討する。

　第5章では，やはり学校教育に関わるテーマながら，観点を変えて，教える側の教員に関する現状を見る。労働過重といわれる日本の教員の長時間勤務とその原因を主に労働法制から考える。教員の働き方と長時間勤務を改善する近年の取組みを紹介し，併せてそこに残る課題についても検討する。続く第6章では，学校教育に関わる制度および行政の側面から，国における教育行政運営と教育政策過程の実際を見る。特に1990年代以降，中央省庁の再編や官邸主導の政治運営が強まる中で，教育行政運営や教育政策過程がどう変容しているのかを紹介し，それを通して教育と政治の関係を考えていく。第7章においても，学校教育の周辺に関するテーマである教育政策立案と研究活用との関係を取り上

げて現状を紹介するとともに，エビデンスに基づく政策の重要性と限界を明らかにする。第8章では，教育サービスとしての学校教育を需要する立場にある保護者の意識や行動について，近年問題視されることの多い過剰要求の問題も含め検討する。続く第9章では，現代における高等学校や大学等と労働市場との接合について，雇用と学校教育の共通性と異質性という観点から考察する。そして，フォーマル教育に関わる最後の視点として，第10章では21世紀に入って拡大しつつある教育の国際化について取り上げ，海外へ，海外から，の両面で留学の趨勢を量的にとらえた上で，とくに東アジア地域における留学生の送り出しと受け入れの構造，各国の留学生政策を整理して，グローバル化の可能性と課題とを考えていく。

（2）学校外教育（ノンフォーマル教育・インフォーマル教育）の視点から

　第11章以降では，主に学校外教育に関するテーマを取り上げる。まず第11章では，学校教育の周辺で学校の機能を補填し補助する教育サービス事業・産業（塾，予備校，情報出版，メディア等）について取り上げ，その実態と社会が要請する機能について見ていく。続く第12章では生涯学習を扱う。近年，長寿化に伴う長期的な人生設計や技術進展による新たな知識獲得の必要性が増大している。そうした最近の社会変化に焦点をあて，人生設計に組み込まれた生涯学習の重要性について考察する。第13章も生涯学習に関する考察を続ける。経験と学習というテーマのもと，さまざまな人生において蓄積された経験が学習やキャリアにどのように影響するのかを検討し，経験が成人期において学習資源や学習基盤とされることの意義を考えていく。第14章では，教育の本質の一つである社会化とそれが十全に機能しない状態である社会化不全（逸脱）の現

状を見る。流動性が著しく高まった今日の社会において，規範の社会化がどのようにその機能を変化させているのか，詳細に検討する。最後の第15章では，前章までで紹介し検討してきた日本の教育の現状についてまとめた上で，これからの日本の教育を展望し，今後の教育課題について議論する。

参考文献

井上智洋『人工知能と経済の未来－2030年雇用大崩壊』文春新書，2016

岩田龍子『学歴主義の発展構造』日本評論社，1981

岩永雅也・星薫編『教育と心理の巨人たち』放送大学教育振興会，2010

エルンスト・クリーク著／稲富栄次郎・佐藤正夫訳『教育哲学』育芳社，1943

小川正人『日本社会の変動と教育政策―新学力・子どもの貧困・働き方改革』左右社，2019

P. H. Coombs with M. Ahmed, *Attacking Rural Poverty: How Nonformal Education Can Help* World Bank Research Publication, 1974

野口悠紀雄『変わった世界　変わらない日本』講談社現代新書，2014

ロナルド・ドーア／松居弘道訳『学歴社会　新しい文明病』岩波書店，1978

【学習課題】

1．自らが受けた教育体験を振り返り，そこにどのような「導く」教育
　があったか，どのような「引き出す」教育があったか，考えてみよう。
2．現代日本の教育機会について，自ら経験した教育機会も含めて検討
　し，フォーマル教育機会，インフォーマル教育機会，そしてノンフォ
　ーマル教育の具体的な例をできるだけ多くあげてみよう。
3．1980年代から1990年代の時期に，日本の経済・産業・就業構造に生
　じた変化とそれが学校教育に及ぼした影響について，その大まかな流
　れを考えてみよう。

2 | 学校の新しい形態

田中統治

《目標＆ポイント》　制度の弾力化によりもたらされる学校システムの新しい
形態の特徴を検討する。
《キーワード》　学校システム，学校選択，ホームスクーリング

1. 学校教育に対するニーズの変化

（1）学歴主義から個性重視へ

　日本人の学校観の中には学校を立身出世の手段とみる功利主義的な傾
向があるといわれてきた。学歴主義もこの種の現実的な学校観をもとに
形成され，ポスト近代に入ってからは学歴から学校歴を重視する段階に
進んだ。大卒か高卒かという学校種の学歴ではなく，どの大学どの高校
を卒業したのかという学校のブランド化が強まってくる[1]。学校歴を重
視するトレンドは大都市部に居住する新中間層（new middle class）の
保護者を中心に広がっているといわれる。その理由は新中間層の多くが
わが子に残せる資産として学校歴の価値に重きを置くからである。旧中
間層は土地等の固定資産を保有するが，新中間層にはそれが少ないので
「教育資産」の継承に熱心になる。幼少期からの「お受験」を先導した
階層もそうした新中間層の保護者たちであるといわれる[2]。

　新中間層は学校への教育的なニーズを多様化するうえで一定の影響力
をもっている。それは現代に限らず，児童中心の大正自由教育を求めた
母親たちの多くも，子どもを少なく産んで大事に育てるという産児制限

1　天野郁夫「教育の地位表示機能について」『教育社会学研究』38巻，日本教育
　社会学会編，1983，pp.44-49
2　小針誠『“お受験”の社会史』世織書房，2009

の思想をもった新中間層に属していた[3]。英国の教育社会学者のバーンスティン（Bernstein, B.）は，新中間層が専門職者，公務員，教員，マスメディア等の知的な職業階層から構成されており，彼らの利害関心が教育の改革動向を左右することに注意を喚起している。たとえば子どもと遊戯中心の幼児教育をはじめ，教科別よりは教科横断的な統合型のカリキュラム，また選択制や参加型の新しい形態の授業等を支持するグループには新中間層の出身者が多く，伝統的形態よりも進歩的で学習者中心の教育を求める傾向が強いという[4]。学校教育へのニーズの変化を考えるとき国民一般というより新中間層の関心の推移に注目して検討する方が興味深い。

　日本では70年代中盤に高校進学率が90％を超え後期中等教育がほぼ「準」義務教育化した時点をもって教育界のポストモダン状況が生まれたとする説が有力である。確かにこの時期から中学校を中心に不登校率が上昇し80年代初頭には公立中学校の校内暴力が全国に広がる。子どもたちにとって学校が輝きを失い始めるのだが，その一方で学校以外の居場所が失われ社会全体が学校化する状況が強まる。豊かな社会では生きる意味と学ぶ意味が結びつかなくなって，高い学歴を獲得するために学ぶという動機づけが働かなくなる。その中で大都市部の新中間層の保護者の多くが，公立中学校ではなく，私立中高一貫校の方を選ぶようになる。豊かな階層の間では学校教育へのニーズも多様化し，それは消費生活における差異化の様相を帯びて結果的に教育格差の拡大につながる。

　21世紀を展望して1987年に報告された「臨時教育審議会最終答申」は従来の学校教育について画一的で悪平等の弊害がみられるので，これを「個性重視の原則」によって是正すべきであると提案した。それまで日

3　高橋準「新中間層の再生産戦略」『社会学評論』43巻4号，日本社会学会編，1993，pp.376-389

4　バジール・B・バーンスティン（1977）萩原元昭編訳『教育伝達の社会学』明治図書，1985，および久富善之他訳『〈教育〉の社会学理論』法政大学出版局，1996（原書出版），2000（訳書出版）

本の学校教育の長所とされていた全国一律の教育の標準化について，逆にその行き過ぎによる弊害とされたのである。こうした新自由主義的な教育改革を主導したメンバーも経済界の代表と共に，大学人や文化人といった新中間層の人びとである。90年代以降教育界でも規制緩和と地方分権化による小さな政府論と一連の構造改革による成果重視型の教育施策へ方針転換が行われ紆余曲折を経ながら現在に至っている。「失われた20年」と呼ばれる90年代から2000年代にかけて日本社会は少子高齢化と低成長経済による財源難が次第に深刻化してくる。少子化は従来の教育改革の路線を転換させる好機とみられていたが，しかし90年代末の「学力低下」論争に象徴されるように，再び教育行政の中央集権化と全国一斉学力調査による画一的な競争体制への揺り戻しも起った。

（2） 教育機会の平等から選択へ

　教育的ニーズのこのような多様化が教育機会の選択を促し，その結果学校システムに「亀裂」をもたらすことになる。その典型例が義務教育学校と中等教育学校が併存している事態である。すなわち前者は小中一貫教育を，そして後者は中高一貫教育をそれぞれ希求するニーズから2000年代になって生まれた新しい形態の学校である。これにより公立の義務教育の学校体系には戦前のような「複線化」が現れたわけである。教育機会の平等化がほぼ成し遂げられたポスト近代の社会で，分岐型の学校システムへの回帰現象が起ったのか，そのニーズの源泉を探れば，そこには少子化対応と学校リスク回避という背景が見えてくる。

　まず小中一貫教育は市区町村単位の「地方の教育改革」として東京都品川区，広島県呉市，そして京都市で始まった。その施策の事情と方法は地域で異なるが，いずれも当該の教育長が中心となって文部科学省の研究開発学校制度の指定を受ける形で特例措置によって実験的に行われ

始めた。少子化による学校統廃合の打開策に窮していた地方自治体が小中一貫教育の実験に注目してこれが全国に広がり文部科学省も教育特区の措置を講じて後援する中で「義務教育学校」が学校教育法の条文中で明記される。単学級の小学校では保護者の間から友人関係や教育活動の限界を指摘する声が聞かれ，スケールメリットを生かせるように中学校区単位での小中一貫教育が推奨されていく。大都市部では公立中学校離れに歯止めをかけるべく中学校区の地域単位で連携型を含む小中一貫教育が推進されるが，必ずしも所期の目的が十分達成されたわけではなく，成績上位層が私立中高一貫校を選ぶ傾向は依然として続いている[5]。

　次に公立の中高一貫教育の場合は都道府県が設置主体になるケースが多く地域としては広域にわたる。地元ではない小学校からの受験者数が増えていることから保護者の間で人気は高いようである。中学受験は保護者の選択といわれるように早期から塾通いして受験に備えている。その主な動機は高校入試のない一貫教育システムによって大学への進学準備を早めたいという「早修」のニーズである。公立の中等教育学校は当初，私立のそれと差異化する意味で6年間の「ゆとり」の中での特色ある中等教育の推進を掲げていたけれども，しかしその根底には私立の中高一貫学校への対抗策の色合いが濃厚である。実際公立の中等学校を志望する保護者の間では公立中学校を回避する戦略を立てて義務教育学校を6年次で退学する進路計画のもとに，小中一貫教育を中学受験のための「バイパス」として利用するケースが大都市中心部で増加しており，ある義務教育学校では7年次への編入生を多数募集しなければならない事態に陥って苦慮しているという。

　このような一種の「学校リスク回避」戦略は学習塾と新中間層の合作という側面を持っていて，その底流には階層の下降移動のリスクを「賢い」学校選択によって事前に回避したいという保護者の不安が渦巻いて

5　小川正人・品川区教育政策研究会（編）『検証　教育改革－品川区の学校選択制・学校評価・学力定着度調査・小中一貫教育・市民科』教育出版，2009

いる。お受験に走る親の多くは選抜度の高い学校をより早期に選択して有名大学への進路「保証」の安心感を確保するための教育戦略をとるのである。教育機会の平等から選択へという施策転換は，新中間層の間で，相対的に富裕な層に「早期選抜・庇護移動」という旧い型の学校システムを，そしてそうではない層に「晩期選抜・競争移動」の学校システムをそれぞれ選択するよう促している面がある[6]。

2. 社会システムとしての学校と外部環境の変化

　学校教育へのこうしたニーズ変化の影響は，学校を一個のシステムと見立てそれを取り巻く外部環境との関係によって説明すればよくわかる。**図2-1**は学校システムにおけるひとの流れの特徴を図示したものである。

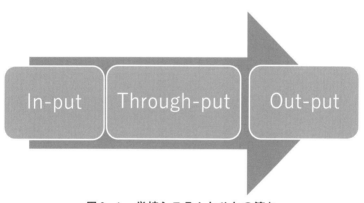

図2-1　学校システムとひとの流れ

6　庇護移動（sponsored mobility）と競争移動（contest mobility）の分類は下記の文献による。前者がエリート層に有利に働く英国型，後者が競争社会の米国型とされた。何れも1950〜60年代の学校システムと社会移動に関する英米のデータをもとにした類型である。
　　アルバート・H・ハルゼー他編，清水義弘監訳『経済発展と教育：現代教育改革の方向』東京大学出版会，1963

　学校でのひとの流れを入力 − 出力系（in-put, out-put）で考えてみよう。学校システムは児童生徒が入学して一定の期間を経て卒業するというパターンを繰り返している。公立学校の教職員は異動があるので，一定の年数を経ると学校成員は全員入れ替わる。入学者（クライエント：顧客）の取り込みを組織論では充員（recruit）と呼び，公立学校の場合，これが安定的に供給されてきた。少子化と共に入学者の減少に直面する。学校選択制を採る地域では入学者の獲得をめぐって「選ばれる」学校としての評価を得るべく学校教育の成果を外部に向けて発信することが求められる。東京都品川区をはじめ，学校選択制を導入した地域は組織環境を厳しくすることで学校間に競争刺激を与える形で学校の改善を試みたわけである。

　そして学校教育の結果（出力）は学校評価制度によってモニターされる。学校評価は内部評価と外部評価に分かれるがいずれも客観的な評価資料をもとに経年比較によって継続的にチェックが行われる。教育行政は学校の入り口と出口を管理することで教育の質的改善の進捗状況を把握するシステムが構築される。とくに義務教育段階では全国学力・学習状況調査が成果重視型の学校システムに組み込まれている。外部環境の視点からみれば公立学校と私立学校のシステムが次第に類似してきたことがわかる。学校選択制と学校評価制は学校教育へのニーズ変化に対応する形で入力 − 出力系の管理を強めてきた。

　では成果重視型の教育施策はいかなる影響を学校システムにもたらすのだろうか，その影響調査はまだ十分には行われていないので，ここでは今後考えられる問題を検討してみる。第 1 に考えられることはアウトプットを意識した教育活動の重点化とアンバランスが生ずることである。実際，学力調査の対象以外の教科や活動のもつ意義が軽視されるよ

うになることは以前から指摘されてきたところである[7]。

　第2は学校で入力が出力に変換される過程，これを媒介過程（through-put）と呼ぶが，このプロセス（教育過程）の探究が不足しがちなことである。システム論がブラックボックス（暗箱）・モデルと批判されるのもこの問題点による[8]。

　第3はすべてにおいて選択を前提とするような「教育の私事化」（privatization）が進行することである[9]。私事化は個人主義を基本とする消費社会のライフスタイルであるが，その考えの先に教育の場として学校を選ばないという究極の選択肢が想定される。2016年に学校外での学習の重要性を認める「教育機会確保法」（通称）が公布されたが，今後，不登校だけでなく，積極的に「家庭での学校教育」（home schooling）を選ぶ保護者が増える可能性がある。実際，教育の私事化が進んだ米国では保護者がホームスクーリングを申請して条件を満たせばこれを承認するシステムが普及して利用者も多数に上っているという[10]。

3. 新しい形態の「学校」の将来像

（1）脱学校化社会と生涯学習のネットワーク

　イリッチ（Illich, I.）ら脱学校論者（de-schooling）が批判したのは学校による教育の独占体制から「学習＝学校」という誤った社会通念が作り上げられる点にあった[11]。確かに学歴偏重，資格主義の現代社会では，学校を何らかの唯一の手段として過大視する「信仰」が生み出されがちである。先述のように日本人の学校観には旧来それを立身出世の手段と

7　小松千佳世編『周辺教科の逆襲』叢文社，2012

8　田中統治他『学校教育論』放送大学振興会，2008，p.37

9　市川昭午『教育の私事化と公教育の解体』教育開発研究所，2006
　　宮寺晃夫『教育の正義論』勁草書房，2014

10　マラリー・メイベリー他著，秦明夫他監訳『ホームスクールの時代』東信堂，1997

11　イヴァン・イリッチ著，東洋他訳『脱学校の社会』東京創元社，1977

考える見方が根強く存在してきた。学校を人生設計の「踏み台」と信じ込むことがもたらす有形無形の影響は計り知れない。それが一種の神話や思い込みだとしても，ますます教育の独占化そして制度主義化を促すことになるだろう。

　ところが人間形成はこうした定型的（フォーマル）教育よりもさらに裾野の広がる非・無定型的（ノンフォーマル・インフォーマル）教育によって支えられてきた。学校システムはその表層部分を担うにすぎない。識字力の育成，教育機会の充実，さらに社会移動の促進等，学校システムがもたらした貢献は数限りなくあげられるが，しかしそのマイナス機能の最大のものは教育の寡占体制を築き上げ，人間の手に負えない硬直したシステムとなって社会の要求から疎遠で遊離した組織になることである。学校システムが仮にこうしたリスクを社会に与える段階にまで達した場合，それは機能論の枠組みではとらえ切れないほどの弊害をもたらすことになる。

　イリッチは脱学校化社会の展望として生涯学習によるネットワーク，習いたいひとと教えたいひととを仲介するシステムを想い描いていたようである。この生涯学習ネットワークはICTの飛躍的な進歩で一定実現しつつある。ただ問題はそのネットワークが学校システムとは別の回路を形成していることである。学社融合（学校教育と社会教育の融合）やこれと類似した「合校（がっこう）」構想等が提唱されたけれども，学校システムと生涯学習ネットワークとの接続には多くの課題が残されている。日本でも学校システムを選ぶ際の選択肢の一つに生涯学習につながるリカレント教育のシステムが整備されてよいと思われるが，しかし学校教育法では，生涯学習の基礎を養うという教育目的は強調されても，それは幼稚園から大学までの一貫教育の中に留まっていて，社会全体で生涯学習システムに移行しているとは言いがたい状況である。

（2）ホームスクーリングと私教育の未来

　世界の学校改革は21世紀初頭から「有能な生涯学習者を育てる」との趣旨の教育目標を掲げ進められてきた。学校教育の形態も教えから学びの場へ漸次的に移行しつつあって，日本の学習指導要領（2017年改訂）もアクティブ・ラーニングや「主体的・対話的で深い学び」を提示している。他方で宗教上等の多様な理由で従来の学校は選ばない米国の保護者層を中心にホームスクーリングが普及している。日本では少数事例に留まるが注目される点はホームスクーリングが広がれば，選ばれなかった学校では児童生徒の充員が減少し学校システムにとって存続に関わる環境変化が起りうることである。このような事態が少子化に続く学校の近未来図であるとすると，それは学校の選択ではなく学習の選択という教育の私事化の一層の進行を意味する。保護者にとってホームスクーリングは子の安全確保と共に自由な才能教育を行うための「私教育の再生」である[12]。

　ホームスクーリングが米国において白人新中間層に普及しつつあることをどう考えればよいのだろうか。この問題は日本でも近い将来に起りうることとして捉えなければならない。ホームスクーリングは新しい形態の「学校」として選択肢の一つに載せるべきなのか，それとも部分的に受容しつつ包括的（インクルーシブ）に対応すべきなのか，学校関係者を悩ませるところである。とくに学校への不信感が背景にある場合には，結果的に子どもにとって不利益になることが懸念される。イリッチが「脱病院の社会」を唱えているそのアナロジーで考えてみれば，学校を選ばないことによるリスクは病院ほどではないにせよ一定程度覚悟しておかなければならない。それは「学校からのリスク回避がもたらすリスク」という逆説ではあるが，子どもの学習権を広く保障する観点から保護者がよく理解しておく必要がある[13]。

12　安彦忠彦『私教育再生』放送大学叢書，左右社，2019

　公教育と私教育のバランスという視点からホームスクーリングの未来を考えてみれば，ICT の普及によって子どもたちが通学しなくても授業だけは受けられるシステムが整えられる日も近いだろう。学校は行事や集団活動，体験学習や専門的指導等を受ける場として利用されるにすぎなくなるのかもしれない。そうなれば新しい形態の学校は「必要なことを必要な時に必要なだけ学ぶ」というオンデマンド型の生涯学習のスタイルに近づくことになる。子どもの自立を支援することが学校教育の大きな役割であるから，そこに生涯学習の要素が入り込めば子どもが学びの主体として自律性を獲得することにつながる。ホームスクーリングが「ひきこもり」型の私教育に陥らないように外部から支援することが公教育に求められる役割である。したがって公教育と私教育が生涯学習者の育成に向けて相補的に連携するようなシステムが確立されることが日本でのホームスクーリングの将来にとって有益である。

参考文献

ジョン・デューイ市村尚久訳『学校と社会・子どもとカリキュラム』（原著1902，訳書1998），『経験と教育』（原著1938，訳書2004），講談社学術文庫

勝田守一・中内敏夫『日本の学校』岩波新書，1964

佐藤忠男・京極純一『学校と世間』中公新書，1975

中内敏夫『学力とは何か』岩波新書，1983

恒吉僚子『人間形成の日米比較』中公新書，1992

刈谷剛彦『大衆教育社会のゆくえ』中公新書，1995

橘木俊郎『教育格差の経済学』NHK 出版，2020

13　米国のホームスクーリングの近年の動向については下記の文献があげられる。宮口誠矢「米国ホームスクール規制法制の現状と課題」『東京大学大学院教育学研究科教育行政学論叢』第37号，2017，pp.56-82，西村史子「アメリカ合衆国におけるホームスクーリングと税控除政策の動向」『共立国際研究』第33巻，2016，pp.117-130，鄧秀「アメリカにおけるホームスクーリングの特徴に関する考察」『兵庫県立大学環境人間学部研究報告』第10号，2008，pp.103-111

吉田新一郎『いい学校の選び方』中公新書，2004

藤田英典『義務教育を問い直す』ちくま新書，2005

志水宏吉『学力を育てる』岩波新書，2005

森田洋司『いじめとは何か』中公新書，2010

佐藤　学『教育の方法』放送大学叢書，2010

竹内洋『立志・苦学・出世』講談社学術文庫，2015

黒川祥子『県立！再チャレンジ高校』講談社現代新書，2018

苫野一徳『「学校」をつくり直す』河出新書，2019

内田　良『学校ハラスメント　暴力・セクハラ・部活動』朝日新書，2019

小川正人『日本社会の変動と教育政策』放送大学叢書，2019

【学習課題】

1．学校を一個のシステムとみなして外部環境との関係からみてみると，制度論とは異なる視野が広がってくるが，そのポイントをまとめてみよう。

2．義務教育学校と中等教育学校が併存している状況が保護者の学校教育へのニーズにどんな影響を及ぼしているだろうか。事例を一つ挙げて説明しよう。

3．米国でホームスクーリングが広まってきた背景について，教育の私事化の観点から解釈を加えてみよう。

3 | コンピテンシーとカリキュラム

田中統治

《目標＆ポイント》 学校教育で子どもに育成すべき学力について，コンピテンシーとカリキュラムの観点から検討する。とくに，「新しい学力」とカリキュラムの改革，学校でのカリキュラム開発，およびカリキュラム・マネジメントによる学校改革について具体的に考える。
《キーワード》 生涯学習力，コンピテンシー，カリキュラム

1. 新しい学力とカリキュラムの改革

（1）コンピテンシーと教育目標の変化

　新しい学力の内容について明確な定義があるわけではないが，しかしコンピテンシー（competency）に代表される〈新しい能力〉は従来の学力観を根本的に転換させる新しい学力モデルと見なされている[1]。コンピテンシーは一般に「人間の根源的な特性で，環境との相互作用に応じる力であり，とくに知識・技能・動機・態度を含む内外の資源を活用できる力」と定義される[2]。この能力概念は OECD が1999～2002年に取組んだ事業，デセコ（Definition and Selection of Competencies：DeSeCo），「コンピテンシーの定義と選択」が国際的に共通する鍵となる新しい能力として定義し，それらは**図3－1**に示す三つに分けられる。

　このうち「相互作用的に道具を用いる」に関わるコンピテンシーがピザ（Programme for International Student Assessment：PISA）の調

1　〈新しい能力〉という観点からその概念規定を試みた次の文献を参照。松下佳代編著『〈新しい能力〉は教育を変えるか』ミネルヴァ書房，2010
2　立田慶裕『キー・コンピテンシーの実践』明石書店，2014

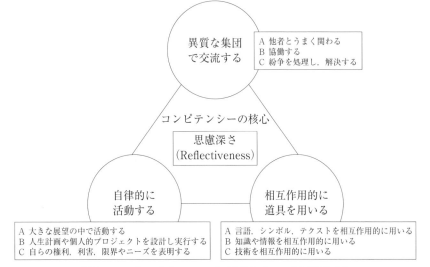

図3-1　3つのキー・コンピテンシー（主要能力）

国立教育政策研究所（https://www.nier.go.jp/04_kenkyu_annai/div03-shogai-linkl.html）より

査問題に影響を及ぼしている。キー・コンピテンシー（主要能力）の発想では，グローバル社会についてこれを「生涯学び続ける」社会と捉えその基盤としての資質・能力を育成するという面が強い。キー・コンピテンシーは生涯学習の基盤を育成するための学力モデルであり，PISAはその習得状況を調べるための国際学力調査である。キー・コンピテンシーは各コンピテンシーを断片ではなく一体として扱うホリスティック（全体的）なモデルである。すべての人びとが民主的な社会に参加しながら自律的に考え活動するために必要な諸能力（リテラシーやスキル）と結び付けられている。このため学力モデルと呼ぶには広く，そして実践するには理論的すぎるきらいがある。

　図に沿って説明すれば，①「相互作用的に道具を用いる」とは，ひと

が他者を含む環境との間で言語，テキスト（文章），情報，知識等をツールとして使う能力である。②「異質な集団と交流する」とは，多様な他者とよい関係を作り，協力し，争いを解決する能力である。そして③「自律的に活動する」とは，大きな視野で活動し自分の人生を計画しそれを実行し，権利やニーズを表明する能力である。

　コンピテンスの概念は1960年代から心理学で使われており，2000年代に入ってからビジネス界で「仕事ができる能力」や「実力」といった基底部の能力，つまり知識・技能の認知的側面だけでなく，態度や動機，自信等の非認知的側面にまでわたるものに変わってきた。学力の氷山モデルでいえば，水面下に沈んでいる「隠れた・見えない」学力と類似しており，それが人格的要素や自己概念を含む点に特徴がある。後述する「学力の三要素」として区別された中でも「③主体的に学習に取り組む態度」がこれに当たる。キー・コンピテンシーのこのような考えは，2017年改訂の学習指導要領（高等学校は2018年改訂）の「資質・能力」論の中に採り入れられている[3]。

　先述のようにこれを学校カリキュラムの目標として具体化する際に，教師たちがどれほど指導の指針とすることができるかが懸念されるところである。生涯にわたって学び続けるための基盤としてモデル化されたキー・コンピテンシーの考えは，学校カリキュラムづくりの目標として必ずしも有効とは限らないという不確実性をはらんでいる。その理由は生涯学習と学校教育ではカリキュラムの原理そのものに違いがあるからであって，この違いは能力と学力という目標の捉え方にも表れている[4]。

（2）新しい学力の形成とそのカリキュラムづくり

　国際機関が提唱するように変動の激しい社会を想定すれば，成人になればいつでもどこでも学ぶことができる生涯学習社会を展望して，学校

3　国立教育政策研究所編『資質・能力：理論編』東洋館出版社，2016
4　立田慶裕『生涯学習の新たな動向と課題』放送大学教育振興会，2018。たとえば学力を「学ぶ力」と捉える点等に違いがみられる。

のカリキュラムもそれに応じて変わるべきだというのが世界の教育改革の流れである。日本でも1987年の臨時教育審議会の最終答申において「生涯学習体系への移行」が「個性重視の原則」と共に教育改革の二本柱のひとつとされ，その後に提唱される「新しい学力観」や「生きる力」は本来，生涯学習力の育成に向けた学力モデルであった。このため汎用的な学びのための「機能的学力」が提唱され，また生涯にわたって学ぶための基礎として「関心・意欲・態度」の側面が強調される。90年代末の学力低下論から「確かな学力」や「知識の活用と考える力」の育成といった学力向上の施策に転換したが，それを経て戦後から続く経験主義か系統主義かという二分法的な学力論争を克服すべく，2007年改正の学校教育法の第30条二項（小学校：教育の目標）においてつぎのように規定された「学力の三要素」にまとめられた。

学校教育法第30条二項
　生涯にわたり学習する基盤が培われるよう，基礎的な知識および技能を習得させるとともに，これらを活用して課題を解決するために必要な思考力，判断力，表現力その他の能力をはぐくみ，主体的に学習に取り組む態度を養うことに，特に意を用いなければならない。

　この条文で規定されている，①基礎的な知識および技能，②思考力，判断力，表現力，③主体的に学習に取り組む態度を「学力の三要素」と呼ぶ。教育法規の中で学力の内容が規定されるのは異例のことであるが，ここで注意すべきは「生涯にわたり学習する基盤が培われるよう」という大きな教育目標であり，この目標が幼稚園から大学におよぶ学校教育全体をカバーしている点である。すなわち2020年度から実施される新教育課程とそれに連動する大学入試改革は，小中学校と高校，大学が初め

て育成すべき資質・能力や人間像を共有して，小学校から大学までの教育の接続・連携を目指す画期的な取り組みである[5]。

　ただしかし，カリキュラムづくり（ここではカリキュラム開発と呼ぶ）の視点からみれば教育目標のこうした設定の仕方がトップダウンに映ることは否めない。カリキュラム開発という場合，従来の教育課程編成と異なり，第1に単元の視点を教科書・教材から児童生徒の学習経験の内容に移し，第2に教師集団がカリキュラム開発の主体となって，そして第3に授業をベースに指導内容はもちろん学習内容の改善を図ることをめざす。カリキュラムがゼロの状態から開発されることはまれであり，通常は既存（試行済みを含む）のカリキュラムを改善する形で進められる。カリキュラム開発では評価と改善を一体として考えるので，それは後述する「カリキュラム・マネジメント」とも重なる。

　日本でカリキュラム開発の用語が普及する契機は，1974年に旧文部省がOECDのCERI（教育研究革新センター）と共催で行った国際セミナーであり，そこで「学校に基礎をおくカリキュラム開発」（SBCD）が提唱された。21世紀に入って各国は，中央か現場かという二分法ではなく，両者をつなぐ地方単位のカリキュラム開発を重視しSBCDが修正され再評価されている[6]。新しい学力モデルもSBCDの考え方に照らし，教師集団が主体となって授業をベースに単元を開発する際にそのモデルがどう役立つかという観点から検討しなければならない。

2.　学力モデルとカリキュラムの関係

　カリキュラムは特定の学力を育成するために開発されるが，その目標とすべき学力の内容が曖昧であればカリキュラムづくりに支障が生ずる。日本で過去に開発されたカリキュラムは，この点で次のような課題

5　小川正人『日本社会の変動と教育政策』左右社，2019，pp.22-23
6　たとえばオーストラリアでは国（nation）の基準や各州の裁量権も重視したN-SBCDが推進されているという。佐藤博志他著『オーストラリアの教育改革』学文社，2011参照

を抱えてきた。これは筆者が文部科学省（文部省：当時）の研究開発学校の報告書を分析した結果からまとめたものである[7]。

①目標とされる学力の定義とその科学的な根拠は何か
②学力とカリキュラムをどう対応させて計画するか
③学力をカリキュラムの実践過程でどう具体化するか
④カリキュラムによって育成される学力をどう確認するか
⑤その結果をカリキュラムの改善にどうフィードバックするか

　これらの課題の多くは，「カリキュラム評価」（curriculum evaluation）と関係している。一言でいえばカリキュラムの性能評価である。学力はカリキュラムを学んだ結果として評価されなければ事実上，意味をもたない。学力の構成要素とその関係を示す学力モデルについて検討するとき，その論点を上記の①と②だけでなく，広く①〜⑤のカリキュラム評価の課題として考えることが必要である。そうしないと学力モデルとカリキュラムが分離し相互に対応しない。カリキュラムは学力形成の対応物である。21世紀型学力として提唱されている学力モデルの中には，特定のカリキュラムと対応せず，不確かな予測による「願望」レベルのモデルとなっているケースがみられる。

　学力モデルとカリキュラムを結び付けるうえで前述の課題はクリアすべき大きな課題である。カリキュラム研究の前提は学力モデルとカリキュラムを一体として検討することである。カリキュラムの開発を想定しない，あるいは客観的に観察することが困難な学力のあり方を理念的に論じる議論は，研究上あまり生産的とは考えない。学力のモデルはカリキュラム開発において一定の仮説であり具体的には教育の目標である。教育目標の実現可能性の観点からみると，ただ単に説明のしやすさのた

7　田中統治「学力モデルとカリキュラム開発」論文集編集委員会『学力の総合的研究』黎明書房，2005，pp.32-43

めに図式化された学力モデルは「画餅」にすぎない。カリキュラム開発に有用な教育目標として学力モデルが備えるべき条件を考えることが必要である。日本の学校でよくみられる「望む子ども像」といった抽象的な人間像の目標のみでは客観的なカリキュラム評価と学校評価において資料不足のために評価に耐えられない。旧い学力モデルは各学校がカリキュラムを開発（評価と改善を含む）することを前提として考案されてこなかった。新たに規定された学力の三要素の場合，地域の教育要求に即して相互に学習活動を関連づけるため，そのカリキュラム・マネジメントは各学校のみならず地方教育委員会の単位でも資源を共有しながら広く展開されるものとなるだろう。

3. カリキュラム・マネジメントによる学校改革の可能性と課題

（1）カリキュラム・マネジメントの戦略

　2017年改訂の学習指導要領ではカリキュラム・マネジメントの充実によって教育活動（授業）を質的に向上させるねらいが前面に掲げられ，その手段として，「①教育の目的や目標の実現に必要な教育の内容等を教科横断的な視点で組み立てていくこと，②教育課程の実施状況を評価してその改善を図っていくこと，および③教育課程の実施に必要な人的又は物的な体制を確保するとともにその改善を図っていくこと」の3つが強調される[8]。②と③が示すとおり，カリキュラム・マネジメントの具体化，とくに改善策の根拠資料に基づく合理的な決定においてカリキュラム評価の発想をもつ必要がある。

　日本では2007年から始まった全国学力・学習状況調査の結果が一部公

8　下記の URL（平成29・30年改訂　学習指導要領，解説等　カリキュラム・マネジメントについて）参照。（2020年2月11日最終閲覧確認）
　https://www.mext.go.jp/content/1421692_5.pdf
　なおカリキュラム・マネジメントの用語が中央教育審議会答申に初めて記載されたのは2008年1月17日答申 p.144においてである。

表されこれによる学校教育の質的保証と結果責任が求められてきた。これを成果主義と批判する議論もあるが，しかしカリキュラム・マネジメントの主な目的は授業を含む教育課程の実質を改善することにある。教育課程の実質を見通すためカリキュラムの実態をありのまま客観的に把握すること，つまりカリキュラムの調査が重要となる。

　カリキュラム・マネジメントが従来の教育課程経営と異なる点は「論より証拠」を重視することである。新たなスタイルの学校経営では，対外的に説明する関係上，学校教育の改善に向けた証拠に基づく決定と実践が求められる。自主的・自律的な学校経営はカリキュラム・マネジメントという支柱によって支えられる。学校に限らずマネジメントの戦略には，リーダーが構成員の自己実現を促す方策について徹底して考え抜くこと，つまりメンバーの能力が最大限に発揮される場面を整えるという意義がある。カリキュラム・マネジメントの方法も決して一律ではなく各学校がおかれた状況によって変わってくるのでその状況を把握することが先決である。

　カリキュラム・マネジメントの定義について日本での先駆的提唱者である学校経営学者の中留武昭によれば，「教育課程行政の裁量拡大を前提に，各学校が教育目標の具現化のために，内容，方法とそれを支える条件整備との対応関係を確保しながら，ポジティブな学校文化を媒介として，カリキュラムを作り，動かし，これを変えていく動態的な営みである」であるという[9]。なお中留はカリキュラムとマネジメントの間に「中黒丸」は使用しないが，この科目では文部科学省の表記をとっている。

　中留の定義は，教育課程行政の裁量拡大（国家基準の大綱化と弾力化）を前提に，カリキュラム－学校文化－組織マネジメントを一体的に捉え，内発的・自律的な改善のサイクルを生み出すための方法を強調している。

9　中留武昭・田村知子著『カリキュラムマネジメントが学校を変える』学事出版，2004，p.11

その学問的な背景には，単純な学校「効果」研究から，改善過程そのものの解明を目指す学校「改善」研究への転換がみられる。学校改善のプロセスが注目された理由には米国を中心とした学校研究の進展が関係している。単純な学校「効果」研究から改善過程の分析を試みる学校「改善」研究へのパラダイム転換は，子どもの学力向上に及ぼす学校教育の影響力が期待されるほどに大きいものではなく，むしろ家庭の教育環境による影響が強いことが次第に明らかになってきたためである。効果的といわれる「力のある」学校像を描くことよりはむしろ学習活動の質的改善に成功している学校の内部過程と条件の方を探究する必要性が自覚されたからである[10]。これらの研究背景をもってカリキュラム・マネジメントは上記のように定義されたわけである。

（2）カリキュラム・マネジメントの可能性と課題

　カリキュラム・マネジメントの方針が学習指導要領に明記されたが，これが教師にとって新たな業務項目の一つと受け止められることは実際上やむを得ない。「働き方」改革という要請の中で，カリキュラム・マネジメントを教員集団が全員で担う業務としてどう位置付ければよいのか，筆者の提案は学校の業務の中心に位置づけることである。カリキュラム・マネジメントは学校を「学習する組織」（learning organization）に変えるテコの支点に相当するからである。「学習する組織」論を提唱したセンゲ（Senge, P.M.）によれば，個々の部分に目を奪われそこだけを改善しようと努力すればするほど仕事が増えるだけで，小さくてもツボを押さえたシステム思考をすれば，最小の努力による一つの変化が持続する重要な改善につながることがあるという。それが効果的な作用点（レバレッジ）である[11]。

　日本の学校の多くで起っている業務の過重負担は逆システム思考に陥

10　田中統治「第Ⅱ部2章　カリキュラム評価による学校改善の方法」中留武昭・論文編集委員会編『中留武昭教授退官記念論文集　21世紀の学校改善』第一法規，2003, pp.105-118

っていることから生じている面はないだろうか。つまり「学習しない」組織，それは官僚制化され過ぎて硬直した組織の特性を示す。官僚制は官僚が支配する体制という意味ではなく，業務を効率的に管理する体制である。「官僚制化」（bureaucratization）の構造的特性を考えてみる。

①集権化（centralization）⇔分権化（decentralization）
②標準化（standardization）⇔多様化（diversification）
③専門化（specialization）⇔一般化（generalization）
④形式化（formalization）⇔脱形式化（de-formalization）

　左側の用語が官僚制化の特性を示しており，右側はその対立語を筆者の造語英訳も交えて設定してみた。というのもカリキュラム・マネジメントが多くの場合，左側の文脈で受け止められており，右側とアンバランスをきたしているからである。

　これを理想的な形で実現している事例が千葉県館山市立北条小学校の「カリキュラム管理室」（以下，カリ管）の実践である。そこでは教師支援とカリキュラム改善とが一体化している[12]。当初は教員の指導法を平準化するために導入された「カリ管」が約50年を経てカリキュラム（北条プラン）を評価・改善する好循環を生み出している。「カリ管」という部屋と，単元資料を収める引き出し式ロッカーとが，教師支援と連動してカリキュラムの更新に役立ってきた。現在ではICTによるデジタル化でカリキュラム評価が常態化している。

　過剰な官僚制化が学校システムに潜在的な逆機能をもたらす可能性は70年代の早くから指摘されてきたが，現代の業務改善の要所も学校組織

11　ピーター・M・センゲ（1990），守部信之訳『最強組織の法則』徳間書店，1995，p.85.

12　館山市立北条小学校HPの「カリキュラム管理室」参照
　　https://www.city.tateyama.chiba.jp/school/houjyo/karikan.html
　　田中統治・根津朋実編著『カリキュラム評価入門』勁草書房，2009

の脱官僚制化のモメントに関係している。なぜならカリキュラム・マネジメントは教育課程編成の学校裁量枠の拡大，つまり「分権化」を前提としているからである。

　課題となる点は中学校の部活動とカリキュラム・マネジメントの関連づけである。カリキュラムの視点から部活動や特別活動を含む教科外活動の位置づけと役割を明確にする必要がある。部活動がブラック化する背景には顧問教師の属人主義と自己犠牲の弊習があるからで，そこから脱属人・脱個業による改善のポイントを探る他ない。部活動が【学校の業務だが，必ずしも教師が担う必要のない業務】に位置づけられたことの意味は大きい。その担い手探しに「チーム学校」方式を活用することも考えられる。以上，述べてきたように，コンピテンシーに影響された資質・能力の教育目標を各学校で効果的に実現するため，カリキュラム・マネジメントによる教育活動と業務の改善が不可欠であることがわかる。

参考文献

国立教育政策研究所編『資質・能力：理論編』東洋館出版社，2016
安彦忠彦『「コンピテンシー・ベース」を超える授業づくり』図書文化，2014
安彦忠彦編『新版カリキュラム研究入門』勁草書房，1999
日本カリキュラム学会編『現代カリキュラム研究の動向と展望』教育出版，2019
田中統治・根津朋実編著『カリキュラム評価入門』勁草書房，2009

【学習課題】

1．キー・コンピテンシーについて三つの要素を挙げて説明し，「学力の三要素」との対応関係を説明してみよう。
2．新しい学力が提案される社会的背景を調べて，生涯学習社会との関連性を考えてみよう。
3．カリキュラム・マネジメントによる教育活動の改善法について北条小学校のカリキュラム管理室の事例をもとに説明してみよう。

4 | 教授・学習のプロセス

田中統治

《**目標＆ポイント**》 情動や学習動機に関する学習科学や脳科学の成果に基づく新しい教授・学習プロセスについて検討する。
《**キーワード**》 授業，学習改善，学習環境

1. 授業スタイルの変化と学習改善

（1）授業とは相互作用による教育過程

　「教えから学び重視へ」の潮流は教室での授業の姿を変えつつある。本章ではその変化をミクロ（微視的）な視点，すなわち教育過程と相互作用という視点から考える。教育過程（educational processes）は，教育の主体（教授者）－教育の内容（カリキュラム）－教育の客体（学習者）の三者の間で展開される相互作用（interaction）である。なお教育過程と教育課程はよく混同されがちだが，後者は公式のカリキュラムのことで，教授・学習のプロセスは教育過程と呼ばれている。相互作用はひととひとの間で行われる作用・反作用の連続的な影響の過程であって相互行為ともいう[1]。教育過程は教室だけの空間に限らず，広く教育の内容が介在すれば，そこで展開される独特の相互作用過程である。

　学校成員によるカリキュラムを介した相互作用には教授者－学習者間，学習者間，および教授者間の関係が考えられる。これらの構成員間での相互作用はカリキュラムのタイプによって枠づけられている点が注目される。たとえば教科科目の間の境界が強いカリキュラムの場合，成

1　西阪仰『相互行為分析という視点』金子書房，1997

48

員のヨコの関係が希薄になる。タテ割りの教授－学習組織が作られるので，そこでの相互作用もいわばタコツボ型の閉鎖的なものになる。その結果，成員の教科への一体感は強化されるが，逆に水平的関係をもつ機会が少ないので開放的な知識観をもつことが少なくなる。これと比較して教科横断型や統合型のカリキュラムの場合，教科の境界が弱まるので開放的な関係の中でヨコの行き来がしやすく，特定の教科科目よりも幅広いジャンルやテーマに一体化する傾向が強まる[2]。

　教科別や分野別による専門分化は上級学校の授業ほど強まる。日本の場合，小学校の学級担任制から中学校の教科担任制へ移行することが生徒の授業での役割を大きく変える。中学生になれば専門的で高度な内容を学ぶから教師との関係も専門教科という窓を通して結ぶことになる。ちなみに中国の場合，小学校段階から教科担任制を採っていて，低学年でも教科担任教師からの要求が強く学習負担が重い。授業に関して果たすべき役割は学校構成員にとって「所与のもの」（given）である。相互作用によって選べる余地がない点で人間形成上，影響力が強い[3]。

　授業の形態を相互作用からみるとそれは最初から決められていて交渉の余地のない，有無を言わせず受容を迫る，固い構築物のようである。入学時に行われるオリエンテーションやガイダンスは「なぜそれを学ぶ必要があるのか」という理由については十分な説明はなく，「規則でそう決まっているから学ぶもの」と事務的に説明される。新入生や進級生は新しい形態の授業に合わせる（第一次適応）ことで精一杯であるが，その後自分たちが過ごしやすい授業の「飼いならし」（第二次適応）の段階に向かう。試験や課題への対処法も先輩や友人たちから伝授されながら学び取っていく。また教科を担当する教師との「相性」によって各教科への好き嫌いや得意・不得意の感覚を抱くようになる。児童生徒の

2　バジル・バーンスティン，（1977）萩原元昭編訳『教育伝達の社会学』明治図書，1985，および久富善之他訳『〈教育〉の社会学理論』法政大学出版局，（1996・2000）

3　田中統治『カリキュラムの社会学的研究』東洋館出版社，1996

授業に対するこの情動的反応は相互作用による学習経験の蓄積であり，教師側からみれば「意図せざる」学習の結果である。このような潜在的学習については「隠れたカリキュラム」の箇所で説明する。

（2）「主体的・対話的で深い学び」と学習改善

2017年改訂（高校は2018年）の学習指導要領では「主体的・対話的で深い学び」の視点に立った授業が推奨されている。当初，アクティブ・ラーニング（active learning：能動的学習）と呼ばれていたが，もともと大学等の授業改善のために導入された手法なので活動主義に陥らないように図る意味から，学習者の思考を促す「深い学び」が強調された。とくに学習過程を質的に高めるため授業の改善を求めている。すなわち一方的に知識を教え込む「チョーク・アンド・トーク」の授業や，一人一人の子供が受け身となる授業を，大きく改善していかなければならないといい，この試みでは，授業のイノベーションとカリキュラムのデザインを中心とした，カリキュラム・マネジメントが重要であるとされる[4]。「主体的・対話的で深い学び」の視点は一斉教授にみられる旧弊を是正するための授業改善の方針である。

これと関連して，中央教育審議会教育課程部会児童生徒の学習評価に関するワーキンググループより「児童生徒の学習評価の在り方について（これまでの議論の整理（案））平成30年12月17日」（以下，WG案）が示された。その中で注目される点は「学習改善」という用語の意義である。従来，指摘されてきた授業や指導の改善というより，改善すべき対象は学習活動それ自体である。この動きは「学習の自己調整」という認知心理学の概念を中心に，「教授学から学習科学へ」というパラダイム（理論モデル）の転換が起りつつあることを示唆する。学習科学は心理学ベースの社会的構成主義の立場をとるのでその理論的前提については

---

4 田村学『深い学び』東洋館出版社，2018，p.12，p.16

一定，理解しておく必要がある[5]。「知識は社会的に構成されるものであり，所与のものではない」とする学習科学の立場は，日本の教師たちに「旧来の授業づくりを破棄する勇気」を求めている[6]。

「主体的・対話的で深い学び」にせよ，「学習の自己調整」にせよ，生涯にわたり学習する基盤を培うという目標を共有しており，一斉教授法による教授学ではなく，自己の感情や行動を統制する能力，自らの思考の過程等を客観的に捉える力（いわゆるメタ認知）に関わるスキル等の獲得を重視している[7]。認知的能力だけでなくこれを支える非認知的能力の育成が目指される。学習評価はカリキュラムとともに教授－学習のプロセスを規制するもう一つの枠組みである。この枠によってメタ認知を働かせる力が重点的に評価される，そのような授業スタイルに変えようというのである。授業の主役は学習者であり教師も学習者の一人だという認識への転換を求めている。

2.「隠れた」カリキュラムと学習環境

（1）教育過程の顕在的側面と潜在的側面

生涯学習を展望して授業の転換を目指すとき，同時に変える必要があるのが隠れたカリキュラムである。それが「空気の教育」と呼ばれる潜在的学習の内容を構成しているからで，表のカリキュラムである授業スタイルのみを変えてみても，教室では裏のカリキュラムが機能している場合が多い。両者は教育過程の顕在的側面と潜在的側面を示しており，

5　学習科学は，構成主義，認知科学，教育工学等を基礎とする学際領域であり，伝統的な教授主義を批判する立場である。R・K・ソーヤー（編）森敏昭・秋田喜代美（監訳）『学習科学ハンドブック』培風館，2009年，p.3

6　秋田喜代美・藤江康彦編著『これからの質的研究法』東京書籍，2019，p.127，またケネス・J．ガーゲン．（1994）永田素彦・深尾誠訳『社会構成主義の理論と実践―関係性が現実をつくる』ナカニシヤ出版，2004参照。

7　伊藤崇達「'自ら学ぶ力' を育てる方略―自己調整学習の観点から―」『Berd』13号，ベネッセ教育総合研究所，2008年，pp.14-18，http://berd.jp/database/

前者が意図された側面であり後者が意図しなかった側面である。隠れたカリキュラムを定義すればそれは，学習者が学校などの文化伝達機関で過ごす過程で結果的に体得している主として行動様式に関わる知識（行動規範，態度，価値観，信念およびイデオロギーを含む）である。「隠れた」と表現する理由は私たちがそれを「自明視」（taken for granted）して意識の中に隠れているからである。

　学習者が教室で潜在的に学んでいる内容とは何だろうか。それは教育的に望ましいものばかりではなく，退屈さに耐えることや我慢すること等の習性や慣習が含まれる。しかも教科の知識より以上に，隠れたカリキュラムで身に付けた知恵の方が世間では生きる力となっている可能性が高く，その実態を解明する必要性が認識された。

（2）学級での生活と「隠れた」カリキュラム

　隠れたカリキュラムに関する最初の研究成果は米国の教育社会学者ジャクソン（Jackson, P.W）がその著書『教室での生活』（Life in the classrooms, 1968）の中で指摘した学級生活に隠れている諸要素である。彼はシカゴ大学付属小学校での観察結果から，学級生活に「灰色の領域」（教師も生徒もとくに語ろうとはしないが，長い時間を費やし反復している活動）があることを指摘している。また生徒が学級という生活世界を生き抜くために必要なスリー・アールズとして，規則（rules），規制（regulations），および慣例（routines）の三つが隠れたカリキュラムの主成分であるという。彼は隠れたカリキュラムの内容を系統的に示しているわけではないが，観察結果による発見的価値をもった指摘を行っているので，以下にその要点を図示する。

　まず基礎学習が第一次適応，応用学習が第二次適応に相当する。児童たちは学級生活を反復する過程で，「群集」の中の一人として落ち着い

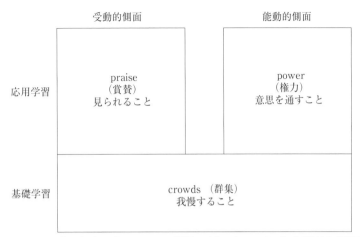

図4-1　隠れたカリキュラムの構造―ジャクソンによる説明の解釈

た学習態度を身に付けるように求められる。教師の指示に従うこと，順番や時機を待つこと，集中して課題に専念することなどが示すように，隠れたカリキュラムの基礎学習は「我慢する」ことの習得である。

　しかし続く応用学習では将来の社会生活に必要な要領や知恵というべき社会的技能と対人交渉能力を獲得していく。対教師だけでなく児童同士でも「より良く評価され」「失敗から自分を守る」ための社会的戦略（social strategies）を身に付ける。また評価権を持つ教師からの否認や制裁を避けるため，一方で彼らからの役割期待に応えているように装いながら，他方で自分たちの利害を最大限に実現するべく教師と「折り合い」をつける交渉技能まで習得している。

　このように賞賛（見られること）と権力（意思を通すこと）は隠れたカリキュラムのリアルな側面を描き出している。児童生徒は忍耐力（受け身的な学習）のみならず，「能動的」に学習して，教師の発する暗黙のメッセージを読み解く術やそれへの対応法，住み心地の良い環境に作

り替える技能等まで習得している。ジャクソンは，隠れたカリキュラムの概念を体系化して提出したわけではないが，しかし彼の知見は学級生活を通して学ばれる社会的適応の過程を示しており，これも（こそ）カリキュラムであるという認識を広く生み出した。

（3）学習環境としての「隠れた」カリキュラム

　近年，不登校の問題に示されるように，隠れたカリキュラムへの不適応の問題が生じている。それは学習環境を改善する課題とも重なっている。教師側の関心からみれば，隠れたカリキュラムは公式のカリキュラムを伝達するときの「潤滑油」として意識され，それは学級経営による授業秩序の形成に関係している。学級崩壊は隠れたカリキュラムの未習得あるいは不成立によって生じている現象と見られる。教師と児童生徒の間で暗黙の了解が作られなければ，一斉教授と集団指導は展開しない。隠れたカリキュラムへの不適応問題は日本の教師にとって切実である。

　実際，日本の学校には特有の隠れたカリキュラムが見られる。日米の小学校の教室観察を行った恒吉僚子によれば，日本の教室では集団指導を基本とした相互作用が支配的であるという[8]。また帰国子女やニューカマーたちが経験する隠れたカリキュラムには，目に見えない決まり，集団主義の中での察し合い，同調を迫る無言の圧力，自己主張を阻害するような「空気」が満ちている。日本の教師がよく使う「みんな」という常套句や，男子・女子のカテゴリーの強さにも違和感を覚えている。このようにカテゴリーが強い理由には，教師が児童生徒を「集団として動かす」のに便利だということが関係している。

　一斉教授法をベースとしたこの学習環境は現代の子供たちには適応しづらい面がある。児童生徒の中には，隠れたカリキュラムの存在に気づかない，気づいてもストレスを感じてそれに敏感に反応するなどの傾向

8　恒吉僚子『人間形成の日米比較』中公新書，1993

を示すケースも多い。その原因を少子化に起因する子どもの耐性の問題と捉えるか，それとも学級制と一斉教授法が時代遅れであることに帰着させるか，議論は分かれるところである。だが隠れたカリキュラムを学びの環境として考えれば，アクティブ・ラーニングや「個に応ずる」教育という学習改善のためにこそ再検討すべき課題である。なぜなら学習改善の課題は学習環境の改善と同時並行で解決すべき点が多いからであって，たとえばいじめの問題は生徒指導だけでなく学習環境の改善策としてカリキュラム・マネジメントの中でも取組める課題である。

3. これからの教授－学習プロセス

（1）教育情報化（ICT活用）による学習の改善

　2020年度の予算措置によって小中学校で児童生徒一人当たり1台の情報端末が整備されることとなった。教育情報化は自治体間で「温度差」があってICT（Information and Communication Technology）の環境に義務教育段階で差異が生じていた。ICTは「主体的・対話的で深い学び」を実施する上で欠かせない学習支援ツールである。とくに双方向性のある対話的な学びにとっては有用であって協同学習や個別指導の中で利用する学校も多い。遅きに失した感はあるけれども今後ICTの活用による学習改善が進むことは確かである。グーテンベルグの印刷術の発明にも相当するといわれるデジタル革命がようやく学習環境として整備され「文房具」として利用可能となるわけである。

　米国では2000年代後半より「反転授業」（Flipped classroom）が広がっている。それは初等・中等教育において授業の解説を動画にして自宅で視聴し教室ではその動画内容の復習あるいは応用を行うもの，つまり宿題を従来の復習型から予習型にひっくり返して行うものである。そのねらいは対面する授業の時間を最大限に活かすことであり，教師の役割

も生徒に寄り添うガイド役やファシリテーターの役割に変わり個性と創造力を発揮させる授業形態になりうるという[9]。動画を視聴する機器はタブレット端末や PC だけでなく，スマートフォン等まで広範にわたるので利用しやすい。日本の生徒たちの間でスマートフォン保有率は高いにもかかわらず，それを宿題や調べもの等の学習に利用する比率は低い。反転学習が学習支援ツールとしての利活用を普及させるかもしれない。さらに AI がもたらす近未来の授業では，デジタル教科書と連動した端末用教材の開発や，作文の採点，解答分析と支援指導，また学習に関する多様な記録を電子化して指導に活かす「e ポートフォリオ」の活用が進んでいる[10]。2017年改訂学習指導要領は，教科内容（content）から資質・能力（competency）をベースとした授業への転換を目指しておりこの点で教育情報化による学習観の転換が期待される。

　ただしこうした学校教育へのテクノロジの導入に対し懐疑的な意見があることも事実である。一斉教授法の枠内で教師が受け入れやすい使い方がされると，結局，授業や学習観の転換まで届かないことが懸念される。実際，各学校での過去の ICT の利用は自治体の支援状況によって左右され必ずしも所期のねらい通りには進まなかったケースも見受けられる。米国では第 2 章で述べたホームスクーリングや生涯学習の場で個人仕様での利活用の方が盛んであるという[11]。教育情報化が学校での学習改善につながるためには ICT の専門的支援者の養成や教師研修のネットワーク化等の施策が必要である。

（2）脳科学による学習改善への示唆

　ひとの学習は脳内でのみ起こるわけではなく身体知としても結実して

9　反転授業研究会編集『反転授業が変える教育の未来』明石書店，2014

10　松田恵示「"with AI" の時代の学校教育」『教育展望』2018年10月号，教育調査研究所，p.7

11　A. コリンズ，他著（2009）稲垣忠編訳『デジタル社会の学びのかたち』北大路書房，2012

いくことは広く知られている。近年の脳科学の研究成果はひとの記憶を中心に学習のメカニズムを解明しつつある。だが脳科学からの示唆はまだ間接的な段階であって教育研究への応用は慎重になされなければならない[12]。それでもなお自立的学習者を育てるためのこれからの教授－学習のプロセスを考えるとき，学びへの構え，動機，あるいは意志といった心的態度（Mindset）の側面について学びの当事者として一定理解しておくことは有益なことである。教育学者の中には脳科学への研究関心を保持されている方もあって，その関心は子供の成長発達とその支援に向けられている[13]。また脳科学者の中に学習と動機について研究成果を分かりやすく発信している研究者も多い。たとえば池谷裕二はある講演会の中で「学習の流儀25」の方法を紹介している。

すなわち，①1つの情報を様々な方法で学ぶ，②大きなタスクは細分化する，③新たな情報を学んだらその日のうち復習する，④毎日さまざまな科目を少しずつ進める，⑤一気に詰め込まず間隔をあけて繰り返す，⑥クラスの前の方に座る，⑦モチベーションを維持できる友達，⑧マルチタスクはしない，⑨静かすぎる部屋も学習の効率を下げる，⑩やる気ではなくシステムに従う，⑪できるだけ同じ時間に起きて，同じ時間に勉強して，同じ時間に寝る，⑫ラフなスケジュールを作る，⑬よい姿勢，よい表情を心がける，⑭手書きでノートをとる，⑮不安な事項を書き出す，⑯テストを取り入れる，⑰大切な情報を大きな声で読む，⑱ずっと勉強しっぱなしはだめ，⑲ときどき場所を変える，⑳勉強が終わったらごほうびをあげる，㉑結果ではなくプロセスを重視する，㉒水を飲む，㉓週に3回は運動する，㉔1日8時間くらい寝る，および㉕いわゆる暗記法は使ってよい，というものである[14]。

12　緩利誠・田中統治「脳科学と教育の間―カリキュラムへの応用方法を中心に―」，日本教育学会（編）『教育学研究』第74巻2号，2007，pp.162-173

13　安彦忠彦編著『子どもの発達と脳科学－カリキュラム開発のために』勁草書房，2012，また才能教育，個性化教育，特別支援教育の3領域をつなぐ立場から次の文献も参考になる。松村暢隆他『認知的個性』新曜社，2010

　「主体的・対話的で深い学び」との関連で，「分かりにくさ」，「つらさ」，そして「答えの出ないモヤモヤ感」等の体験が存外学びの効果を持続させる面がある。この知見は「永続する問い」として米国の教育者たちが学習者の学びを深めるための単元づくりの要点[15]としていることと重なって興味深い。学習改善へのこのヒントはメタ認知や「学習の自己調整」とも関連しており，子供たちを学びのマネージャーとして自立させるうえで示唆を与えてくれる。こうした新しい知見が，隠れたカリキュラムの更新と共に，日本の教師たちが受け継いできた「授業研究」（Lesson study）と校内研修の中に採り入れられ，学びの伴走者として自らを動機づけるために活用されることが望まれる。

参考文献

浅沼茂・奈須正裕『カリキュラムと学習過程』放送大学教育振興会，2016

秋田喜代美・藤江康彦編著『これからの質的研究法』東京書籍，2019

新井紀子『AI vs. 教科書が読めない子どもたち』東洋経済，2018，および『AIに負けない子どもを育てる』東洋経済，2019

米国学術研究推進会議編著（2000）『授業を変える』北大路書房，2002

吉田新一郎『テストだけでは測れない！』生活人新書，2006

渡部淳『アクティブ・ラーニングとは何か』岩波新書，2020

14　池谷裕二「教育講演要旨：脳からみた学習とやる気」『教育展望』特集第47回教育展望セミナー全体報告，2018年11月号，pp.5-20

15　グラント・ウィギンズ／ジェイ・マクタイ著（2005），西岡加名恵（監訳）『理解をもたらすカリキュラム設計』日本標準，2012

　本書によれば，理解には6つの側面があってそれは，「説明，解釈，応用，視点，共感，および価値」にそれぞれ関係しているといい，とくに後者三つの側面が「学びの深さ」の点で注目される。

【学習課題】

1．相互作用の視点から授業を観察するときどの側面に注目する必要が
　あるかについてその着眼点をまとめてみよう。

2．「隠れた」カリキュラムの特徴を整理して説明してみよう。また「隠
　れた」カリキュラムの経験事例を一つ挙げてみよう。

3．学習改善のために学習科学と脳科学の知見のうちどちらかを選び，
　それがあなたの学習スタイルに対して示唆する点をまとめてみよう。

5 | 教員の労働法制と働き方改革

小川正人

《目標＆ポイント》 日本の教員の長時間勤務の原因を日本の学校・教員の勤務形態と労働法制の問題から考えたうえで，2019年度から施行されている「働き方改革推進法」下における学校・教員の働き方改革と長時間勤務を改善する近年の政策動向や取組みを学ぶ。

《キーワード》 「働き方改革推進法」，労働基準法，労働安全衛生法，給特法，勤務時間管理，時間外勤務の上限規制と指針，チームとしての学校

1．長時間勤務の実態とその要因

（1）子どもに対する包括的（全人的）な教育と長時間勤務

　OECD（経済協力開発機構）が，2018年 7 月27日に日本の教育政策を分析した報告書を公表した（"Education Policy in Japan: Building Bridges Towards 2030"）。この報告書では，日本の教育に関して，「長年にわたる国際比較評価でも示されているように，日本の教育制度は高い成果を生み出してい」ると高く評価し，その成功の理由を次の様に述べている。

　「日本の教育制度の成功を語る上でひとつの極めて重要な特徴は，子どもたちに非常に包括的（全人的）な教育を効果的に行っているということです。即ち，教員が熟練した能力を持ち，総体的に生徒のケアをよくしていること，生徒が身を入れて協力的な姿勢で学習していること，

保護者が教育を重視し，学校外の付加的学習（学習塾）に支出していること，そして，地域社会が教育を支援しているということです。この独特なモデルが，日本の教育制度の基盤として一体となって機能しているのです。」

しかし，他方で，そうした子どもの包括的（全人的）な教育が学校と教員に多大な負担を強いてきたことにも触れ，「このシステムの代償として，教員に極度の長時間労働と高度な責任があり，それによって教員は研修を受け，新学習指導要領に適応することを困難にしてい」ると問題も指摘している。

OECD報告書も指摘するように，日本の学校と教員は，授業（教科学習指導）のみならず，部活動や学校の諸行事（遠足，修学旅行，学習発表会，等）を通じた集団性，社会規範の育成等も期待され，登下校の見守りから休み時間の安全管理等の子どもの生活全般にわたって責任を引き受け広範囲にわたる多様な教育活動を担ってきた。不登校やいじめ等の問題，また，学習障害の指導等の新しい課題に取組む必要が生じる度に，教員はそれらの問題や課題に対処するために研修や自己研鑽によって新たな知識・技能を学び，自らが「多能化」することで対応してきた。しかし，そうした学校や教員の対応の仕方と働き方は，学校が担う業務・責任と教員の職務内容を無制限に拡げることになり長時間勤務や病気・過労死等の健康被害を深刻化させてきた。

（2）教員の長時間勤務の実態

教員の長時間勤務や健康被害は，これまでも指摘されてきたにも拘わらず，長い間，その問題を真正面から検討する社会的，政治的な動きが生じてこなかった。しかし，政府が主導する働き方改革と文部科学省が

実施した2016年の教員勤務実態調査結果がトリガー（引き金）となり，
漸く，学校と教員の働き方改革が政治の表舞台に押し上げられることに
なった。

　OECD調査（2008年）によれば，総勤務時間（ここでは法定労働時間）
に占める授業に費やす時間の割合を日本と欧米で比較した場合（**表5-
1**を参照），米国57.3％，英国（England）51.7％，英国（Scotland）
62.6％に比べ，日本は37.3％と極端に低くなっている。米国や英国の教
員が総勤務時間（法定労働時間）の半分以上の時間を授業に費やしてい
るのに対して，日本の教員は授業以外の他の業務に約63％の時間を費や
していることになる。教員が担うべき職務・業務の範囲が無限定，曖昧
であり，本来的業務だけでなく周辺的・境界的業務の範囲が広がり過ぎ
ていることが長時間勤務の要因であると考えられてきた（諸外国におけ
る学校・教員の担う業務や教員の職務内容の比較は，藤原 2018）。

　ただ，そうした指摘に対して，神林（2017）は，①1950～60年代と
2000年代後半以降の比較では，事務処理等の周辺的業務に費やす時間が
高止まりであることは事実であるが，周辺的業務に費やす時間は増大し
ていない，②1950～60年代と比べて2000年代後半以降に増大したのは，
教育活動―特に生徒指導や部活動等に費やす時間である，等と指摘して
いる。

表5-1　各国小学校教員の勤務時間と授業時間（OECD調査2008から）

	A：総勤務時間（法定労働時間）	B：授業に費やす時間	B/A（％）
日本	1899	709	37.3
米国	1913	1097	57.3
英国（England）	1265	654	51.7
英国（Scotland）	1365	855	62.6

　日本の教員の長時間勤務の要因を業務別の勤務時間の増減を見ることで明らかにして行く前に，学校の働き方改革の直接的なトリガーになった2016年教員勤務実態調査の結果概要は次の通りであった。

①月当りの平均の時間外勤務が校内勤務だけで小学校は約74時間－土日勤務を加えると約83時間，中学校は同様に約98時間－土日勤務を加えると約125時間と，平均でも過労死ライン[1]を超えるという長時間勤務の実態であったこと

②過労死ラインとされる１か月当たりの時間外勤務80時間（校内勤務・週当たり20時間）を超える教員の割合が，小学校で約30％，中学校で約60％と深刻化していること

③2006年教員勤務実態調査と比較して直近の10年間で勤務時間が増えており，持ち帰りを含まない週当り平日・学内勤務で小学校教諭４時間09分，中学校教諭５時間12分，月当たりで小学校では約17時間，中学校で21時間，勤務時間が長くなっていること

（3）近年の長時間勤務の主因は本来的業務の増大
－2006年調査と2016年調査の比較から－

　文部科学省は，2006年にも同様の教員勤務実態調査を実施しているので2016年調査との比較が可能になっている。2006年と2016年の教員勤務実態調査の比較では，時間が減った業務，横ばいの業務，増えた業務が

1　厚生労働省は，過労死の認定について，心臓，脳血管疾患による死亡などの発症が業務に起因するものと認められるか否かの判断として，（１）発症前１か月間ないし６か月間にわたって，１か月当たり概ね45時間を超える時間外労働が認められない場合は，業務と発症との関連性が弱いが，概ね45時間を超えて時間外労働時間が長くなるほど，業務と発症との関連性が徐々に強まると評価できること，（２）発症前１か月間に概ね100時間，又は，発症前２か月間ないし６か月間にわたって，１か月当たり概ね80時間を超える時間外労働が認められる場合には，業務と発症との関係性が強いと評価できるという基準を示している（平成13年12月12日通達「脳血管疾患及び虚血性心疾患等（負傷に起因するものを除く。）の認定基準について」）。

あり，それに注目して調査データを精査すると，この10年間では授業，授業準備，成績処理，学習指導等といった教員の本来的業務の勤務時間が増えていることが明らかになった。**表 5 - 2** は，小中学校別に，勤務時間が主に増えた業務と減った業務の項目を取り上げてその勤務時間の増減を見たものである。

　表 5 - 2 から，小中学校に分けて平日学内勤務で業務時間が増えた主な業務をカテゴリー項目別にみると，小学校では，増えた主な業務内容の合計が22時間20分増えているが，その増えた分の約64％（14時間）は，授業や授業準備，学習指導に関係する業務となっている。中学校では，

表 5 - 2　2006年と2016年の教員勤務実態調査から見た業務の勤務時間の増減

〈平日：学内勤務〉

	業務内容	小学校		業務内容	中学校	
		1日（分）	1か月×20（時間・分）		1日（分）	1か月×20（時間・分）
増えた主な業務	授業	27	9時間	授業	15	5時間
	学年・学級経営	10	3時間20分	授業準備	15	5時間
	授業準備	8	2時間40分	成績処理	13	4時間20分
	学習指導	7	2時間20分	学年・学級経営	11	3時間40分
	学校経営	7	2時間20分	部活動	7	2時間20分
	事務	6	2時間00分	学習指導	4	1時間20分
	行政・団体対応	2	40分			
	成績処理	0	0分			
（小計）		67	22時間20分		65	21時間40分
減った主な業務	生徒指導：集団	17	5時間40分	学校行事	26	8時間40分
	会議・打ち合せ	7	2時間20分	その他校務	8	2時間40分
	その他校務	5	1時間40分	生徒指導：集団	4	1時間20分
	学校行事	3	1時間	生徒指導：個別	4	1時間20分
	校内研修	2	40分	会議・打ち合せ	4	1時間20分
（小計）		34	11時間20分		46	15時間20分

増えた主な業務内容の合計が約21時間40分増えているが，授業，授業準備，成績処理，学習指導に関する業務が計15時間40分となり，増えた勤務時間の約73%となっている。

　以上から，この10年間で特に勤務時間が増えた背景には，世代交代による若手教員の増加等があったことも要因の一つであるが，2008年学習指導要領改訂による授業時数の増加や言語活動・理数教育の充実等による学習指導の取組みの強化，そして，一人一人の児童・生徒へのきめ細やかな授業や学習指導に取り組むために，各自治体・学校で少人数指導・習熟度指導，補習指導等が行われてきたこと等があったと考えられる。これらの取組みは，国による正規の教職員定数改善や加配等が増えない中で，自治体の単費加配（非常勤講師）や学校が現有スタッフの持ち授業時数を増やすなどして行われている例も多く，教員への負担を強いる中で進められてきたという現実もある。

2. 学校，教員の労働法制の特徴と課題 ―給特法を中心に―

　1節では，教員の長時間勤務の実態とその要因を見てきたが，次に，そうした状況が何故これまで放置されてきたのかを考える。それには，「公立の義務教育諸学校等の教育職員の給与等に関する特別措置法」（1971年制定，以下，給特法。制定時は，国公立学校教員を対象にしていたが，2004年度からの国立学校独立行政法人化に伴い国立学校が廃止されたことで，本法は公立学校教員だけを対象にするものになった）の存在を抜きに考えることはできない。

（1）労働基準法と給特法

　労働基準法（以下，労基法）は，1条（労働条件の原則）で，「労働

条件は，労働者が人たるに値する生活を営むための必要を充たすものでなければならない」（1項）とする規定を踏まえ，労働時間については，1週間40時間，1日8時間を上限とする法定労働時間（32条），一連続作業時間の限度を規定する休憩時間（34条）等の規定をし，使用者は始業・終業時間，休憩時間等の事項について就業規則を作成し行政官庁に届けること（89条），また，時間外及び休日の労働については労使間の協定が必要であり（36条），時間外及び休日等の時間外労働に対しては割増賃金を支払うべきこと（37条），等を定めている。

　労基法の諸規定は，当然，公立学校教員にも適用され，使用者・管理監督者（教育委員会・校長）は，教員の勤務時間を適切に管理する責務を負い，労働安全衛生法等によっても勤務時間の適正な把握とともに健康安全配慮義務も負っている。

　しかし，給特法は，公立学校教員に給与その他の勤務条件について一部特例を設けている（1条）。具体的には，労基法33条③の適用により「公務のために臨時の必要がある場合においては」，教員に労働時間の延長又は休日労働を命じることができること，但し，「正規の勤務時間を超えて勤務させる場合は，政令で定める基準に従い条例で定める場合に限るものとする」（給特法6条①）が，労基法37条（時間外・休日及び深夜の割増賃金）を適用除外とし時間外勤務手当及び休日勤務手当は支給しない（給特法3条②），教員には給与月額の百分の四に相当する教職調整額を支給する（給特法3条①），といった例外規定である。給特法6条①に基づく「公立の義務教育諸学校等の教育職員を正規の勤務時間を超えて勤務させる場合等の基準を定める政令」では，「正規の勤務時間の割振りを適正に行い，原則として時間外勤務を命じないものとすること」を確認しつつ，「時間外勤務を命ずる場合は，次に掲げる業務に従事する場合であって臨時又は緊急のやむを得ない必要があるときに

66

限る」とし，①校外実習その他生徒の実習に関する業務，②修学旅行その他学校行事に関する業務，③職員会議に関する業務，④非常災害の場合，児童又は生徒の指導に関し緊急の措置を必要とする場合その他やむを得ない場合に必要な業務，の4項目（以下，超勤4項目）が掲げられている。

（2）給特法下の勤務時間管理の問題

　給特法は，労基法の例外規定を定めてはいるが，その本来の趣旨とする勤務時間管理の考え方は，労基法等の考え方を踏まえて，正規の勤務時間の割振りを適正に行い原則として時間外勤務を命じないこと，時間外勤務をさせる場合は「臨時又は緊急のやむを得ない必要があるときに限」り超勤4項目に限定することになっている。そのため，給特法の本来の趣旨通りに運用されていれば長時間の時間外勤務が生じないことになる。しかし，現実は，膨大な時間外勤務が生じている。その原因は，以下のように指摘できる（小川　2019）。

　第1に，原則は，個々の教員に正規の勤務時間の割振りを適正に行い，1日8時間（条例では地方公務員の法定労働時間は7時間45分となっている）を超える勤務時間が生じた場合には，適切な配慮等で一定期間内において平均1週40時間（同　38時間45分）を超えないよう勤務時間を割振りするなど時間外勤務が生じないようにすることになっている。しかし，実際には，そうした割振りでは対処できないほどの時間外勤務が生じているのが実態である。それに加えて，時間外勤務を命じることのできる超勤4項目についても，時間外勤務の上限が定められておらず歯止めがなかった。

　第2に，給特法下では，超勤4項目以外の業務の時間外勤務は，使用者・管理監督者（教育委員会・校長）の職務命令で行われたわけではな

いため，「指揮監督下」にある勤務時間ではなく（「指揮監督下」にある
命じることのできる時間外勤務は超勤 4 項目に限られるとされてきた），
教員の任意の「自発的行為」であると扱われることで長時間の時間外勤
務が放置されてきた。近年では，超勤 4 項目の業務量より超勤 4 項目以
外の業務量の方が増大し教員の長時間勤務の常態化，深刻化が進んでき
た。

　第 3 は，時間外勤務に対する割増賃金＝時間外勤務手当の支給は，8
時間労働制を守るブレーキの役割を果たし，同時に過重な勤務に対する
補償の意味をもつものである（小西・渡辺・中嶋 2007：323頁）。しかし，
給特法では教職の「特殊性」に鑑みて，教員の勤務時間の内外を「包括
的に評価」して時間外勤務手当を支給せず，代わって教職調整額を一律
支給することになっている。給特法下では，教員の時間外勤務の有無，
長短に関係なく教職調整額が一律支給されるため，関係者が勤務時間管
理を適正に行うという意識を希薄化させてきたことは否めない。

3. 長時間勤務の改善に向けた労働法制の見直しと取組み

（1）「働き方改革推進法」の成立・施行

　「働き方改革を推進するための関係法律の整備に関する法律」（2018年
6 月成立。以下「働き方改革推進法」）が，2019年 4 月から施行された。
「働き方改革推進法」とは，労基法や労働安全衛生法等，労働関係の 8
つの法律[2]に加えられた改正の総称である。「働き方改革推進法」につ
いては，今次の労基法改正で上限規制とその違反には罰則が科される等
の新たな規定が盛り込まれており，関係者から70年ぶりの大改革である

2　8 つの法律とは，労働基準法，労働時間等の設定の改善に関する臨時措置法，
　労働安全衛生法，じん肺法，短時間労働者の雇用管理の改善等に関する法律（パ
　ートタイム・有期雇用労働法），労働契約法，労働者派遣事業の適正な運営の確
　保及び派遣労働者の保護等に関する法律（労働者派遣法），労働施策の総合的な
　推進並びに労働者の雇用の安定及び職業生活の充実等に関する法律（旧雇用対策
　法），である。

と評価されている。

　今次の労基法の最大の改正ポイントは，時間外労働の上限に関する強行規定や違反に対する罰則規定が定められたこと，及び健康確保の措置が一定進められたことである。

　前者に関係しては，確かに，従来も時間外労働に対する上限規制はあったが，労使間の36協定で1月45時間，1年360時間まで上限可能となり，加えて，36協定で「特別条項」を締結すれば，1年のうち通算6か月に亘って36協定の原則的な限度時間を超えて時間外労働をさせることができるとされ青天井の残業の温床と指摘されてきた。そうした問題に対して，今次の改正では，特別条項を結んだうえでの残業についても上限が設定され，上限に違反した場合には，6か月以下の懲役または30万円以下の罰金が科されるという罰則付きとなった。従来は，こうした罰則がなかったため今次の改正が70年に一度の大改正と言われる理由にもなっている。

　後者の健康確保措置に関しては，年休取得の時季を指定して取得させる義務付け，労働安全衛生法の改正（客観的で適切な方法による勤務時間の管理を義務付け，産業医の役割・機能強化，等），労働時間等の設定の改善に関する臨時措置法の改正（勤務時間インターバル制度の導入促進の努力義務化。いずれは罰則付きの強行規定に改正されることになるのではないかと言われている）等が図られ，いずれも学校における働き方改革にも影響する重要な法令改正を行っている。

（2）学校における働き方改革の方策と取組み

　「働き方改革推進法」による労働関係法令の改正は，学校における働き方改革に対しても，時間外勤務に対する上限規制や客観的で適切な方法による勤務時間の管理のあり方等を検討することを要請した。学校に

おける働き方改革の基本方策の検討を諮問された中央教育審議会（以下，中教審）は，働き方改革特別部会を2017年6月に発足させ，同年7月から2019年1月まで審議を行い，最終答申「新しい時代の教育に向けた持続可能な学校指導・運営体制の構築のための学校における働き方改革に関する総合的な方策について」（2019年1月25日。以下，答申「働き方改革に関する総合的施策」）をまとめ公表した。

　以下，答申「働き方改革に関する総合的施策」を踏まえ，学校における働き方改革を進める基本的考え方と方策等を見ていく。

① **学校，教員が担うべき業務の明確化・適正化**

　教員の長時間勤務の実態とその要因を直視した時，その改善のために最優先に取り組むべき課題は，教員の業務量全体を軽減することである。教員が担う業務の軽減を蔑ろにしたままで，時間外勤務の上限規制や勤務時間管理のあり方を見直したとしても所謂サービス残業（家庭等への持帰り等を含む）が残り長時間勤務の実態は改善しないことは明白である。

　そこで，文部科学省は，答申「働き方改革に関する総合的施策」を踏まえて，従来，教育的配慮の要請や他に担う適切な者が学校に配置されてこなかったことから学校・教員が担わざるを得なかった周辺的・境界的と思われる業務を取り上げ，**表5-3**のようにそれら業務の仕分けを進めるとした。

　答申や文部科学省は，学校・教員の業務の明確化・適正化を図るために，代わって業務を担う他の専門職（スクールカウンセラー，スクールソーシャルワーカー，等）や部活動指導員，サポートスタッフ等の学校配置を進めて「チームとしての学校」を構築することで業務の効率化と課題解決力を向上させていくとしている。

　それに対しては，①日本の学校教育の強みである学校・教員が子ども

表5-3　業務の明確化・適正化の基準

基本的に学校以外が担うべき業務	学校の業務だが，必ずしも教員が担う必要のない業務	教員の業務だが，負担軽減が可能な業務
①登下校に関する対応 ②放課後から夜間などにおける見守り，児童生徒が補導された時の対応 ③学校徴収金の徴収・管理 ④地域ボランティアとの連絡調整	⑤調査・統計等への回答等（事務職員等） ⑥児童生徒の休み時間における対応（輪番，地域ボランティア等） ⑦校内清掃（輪番，地域ボランティア等） ⑧部活動（部活動指導員等）	⑨給食時の対応（学級担任と栄養教諭等との連携等） ⑩授業準備（補助的業務へのサポートスタッフの参画，等） ⑪学習評価や成績処理（補助的業務へのサポートスタッフの参画等） ⑫学校行事の準備・運営（事務職員等との連携，一部外部委託等） ⑬進路指導（事務職員や外部人材との連携・協力等） ⑭支援が必要な児童生徒への対応（専門スタッフとの連携・協働等）

の生活全般に係り子どもの包括的（全人的）な教育に取り組む体制が後退するのではないか，②学校・教員の担ってきた業務を仕分け・振り分けるといっても，それを代わって担える人材やその専門性を十分に確保できるのか，③学校に多様な専門・支援スタッフを配置することで，教員とそれら専門・支援スタッフとの連携・分担・協働が上手くできるのか，又，新しく連携・協働を図ることに時間が割かれて一層の多忙化を招くことにならないか，等の疑問・危惧の声もある。

　そうした疑問・危惧を払拭できるかどうかは，今後の教職員定数の改善や他専門・支援スタッフの配置を質量共にどこまで充実できるか，ま

た，「チームとしての学校」の構築等により学校の組織運営体制をどこまで効率化し改善できるか，そして，地域・保護者の理解・支持を得ながらどこまで地域・保護者を巻き込んだ支援と連携・協働の学校づくりができるかにかかっている。

② **時間外勤務の抑制を図る制度的措置と方策**

　学校・教員の業務の明確化・適正化とともに，時間外勤務を抑制していく法制度的措置を整えることも大きな課題である。

　第 1 に，学校にも時間外勤務の上限規制と勤務時間を客観的で適切な方法で管理することが強く要請されたことを受け，文部科学省は，給特法を改正（2019年12月 4 日成立，2020年 4 月施行）し，「教育職員の業務量の適切な管理等に関する指針」（以下，指針）を策定する新たな規定を設けた（同法第 7 条）。指針は，2020年 1 月17日に告示され（2020年 4 月 1 日からの適用），一般的な時間外勤務の上限として月45時間，年360時間を明示するとともに，適切な勤務時間管理と運用を図ることを自治体（教育委員会）に要請することになった。自治体（教育委員会）は，国の指針を踏まえて，勤務時間と業務量の適切な管理等に関する方針を条例，規則等で制定することを義務付けられた。

　第 2 に，指針では，従来，教員の「自発的行為」とされてきた超勤 4 項目以外の業務についても時間管理の対象としている点が大きな改善のポイントである。これまで，超勤 4 項目以外の業務については，それが校務分掌に係る業務であるにも拘わらず，勤務時間外にやらざるを得ない場合には，職務命令下での業務ではないという理由から，教員の「自発的行為」と扱われてきたが，それを見直し，超勤 4 項目以外の業務も含めてそれら勤務時間を「在校等時間」という外形で把握し，その「在校等時間」を指針の上限まで削減することを求めている。

　第 3 に，教員の健康確保のため休日を確実に取得させる工夫の一つの

選択肢として，1年単位変形労働時間制の導入を自治体の判断で出来る
ようにしたことである。1年単位変形労働時間制の導入が，自動的に，
教員の時間外勤務を削減するわけではない。あくまで，学校・教員の業
務量を大幅に軽減して時間外勤務を削減する取組みを先行させながら，
繁忙期はある程度忙しく勤務時間が長くなっても，夏の長期休業期間等
を含めて閑散期に休暇をしっかり取得してもらうという方策である。そ
の前提には，夏等の長期休業期間における部活動，研修などをはじめと
した業務を大幅に削減することが不可欠である。そうした勤務体制の整
備の課題も含めて，1年単位変形労働時間制の導入は教員に確実に休暇
を取得させることができる選択的な方策の一つとして自治体の判断で導
入できるようになった（1年単位変形労働時間制の実際の運用について
は，小川 2020）。

おわりに

　国が策定する指針は，教員の長時間勤務の改善を促す方針となるもの
である。ただ，給特法が抱えている問題に踏み込まなかったこともあり，
指針が対象にしている「在校等時間」は，労働法上の「勤務時間」とは
異なるカテゴリーであり，「在校等時間」が法定勤務時間や指針が定め
る上限を超えても金銭的措置や振替休暇等の措置で代償されず，また，
罰則の対象にもならない。そのため，指針は，二重基準になっていると
いう批判もある。

　そうした批判は的確であると考えるが，今次の働き方改革が，法定勤
務時間や指針の上限を超える「在校等時間」に対する金銭的措置や振替
休暇等の措置を図る仕組みを創設できなかったのは，それら措置を実現
するためには膨大な追加的財源が必要であったからである（小川 2019）。
そうした問題があることを確認しながらも，指針が，超勤4項目以外の

業務の時間外勤務も「在校等時間」として時間管理の対象にし，教員の「自発的行為」として「隠されてきた」時間外勤務を可視化したことは一歩前進である。「隠されてきた」時間外勤務が可視化され客観的データとして公になることで，今後，それら「在校等時間」のデータを教育政策の PDCA サイクルに乗せて，働き方改革の諸方策の検証とともに，教職員定数の改善や授業持ち時間数の軽減，諸手当の増額や振替休暇措置等の取組みに活用されていく可能性もある。また，これまでなかなか認定が難しかった公務災害も認定されやすくなると考える。今後，文部科学省をはじめ自治体（教育委員会），学校，地域で，学校・教員の働き方改革の取組みが本格的に進められていくが，その成果と問題，残されている課題の検討を注視していく必要がある（小川 2020）。

参考文献

小川正人『日本社会の変動と教育政策－新学力・子どもの貧困・働き方改革』左右社，2019

小川正人「変形労働時間制に関する提言－教員の健康確保のために休暇取得の工夫の選択肢の一つとして制度の活用を」（『総合教育技術』2020年 2 月号小学館）

小川正人「学校の働き方改革と教育行政研究の課題」（日本教育行政学会研究推進委員会編『教職員の多忙化と教育行政』福村出版，2020）

神林寿幸『公立小・中学校教員の業務負担』大学教育出版，2017

小西國友，渡辺章，中嶋士元也『労働関係法』有斐閣，2007

藤原文雄・編著『世界の学校と教職員の働き方』学事出版，2018

【学習課題】

1．日本の学校，教員の長時間勤務の背景，要因について，日本の学校
　教育や教員の働き方の特徴を踏まえて論じてみよう。

2．学校や教員が担うべき業務はどうあるべきだと考えますか。中教審
　答申や文部科学省が提案している業務の明確化・適正化の基準や「チ
　ームとしての学校」の考え方も含めて論じてみよう。

3．「公立の義務教育諸学校等の教育職員の給与等に関する特別措置法」
　（給特法）について，その問題点と見直しの方向について自分の考え
　を論じてみよう。

6 | 国の教育行政機関と教育政策過程

小川正人

《**目標＆ポイント**》　国の教育行政機関である文部科学省と政府及び政権与党の組織や政策決定手続きを通して，国の教育行政運営と教育政策の形成・決定過程を学ぶ。主に，1990年代以降の政治改革と2001年の中央省庁の再編により官邸主導の政治運営が強まる中で，国の教育行政運営や教育政策の形成・決定過程がどう変容してきているのかを踏まえ教育と政治の関係を考える。

《**キーワード**》　議院内閣制，内閣，内閣府，文部科学省，政権与党，文教族，中教審，2001年中央省庁再編，政治（官邸）主導，教育再生実行会議

1. 国の教育行政機関としての文部科学省

（1）文部科学省の組織と特徴

議院内閣制と国の行政運営

　国の政策決定や行政運営は，国民や関係諸機関・団体等の間にある考えや諸要求等を調整する政治過程を通して行われている。そのため，（教育）政策を決定し（教育）行政を運営するためには，適正な政治的手続きを踏んで得られる正統性が求められる。日本では，その政治的正統性は国民の選挙とそれを基盤とした議院内閣制によって担保されている。議院内閣制は，国会で多数を占めた政権政党（政党連合）がその正統性を基盤に行政権を掌握する内閣を組織して民意を一元的に代表する仕組みである。国の行政運営は，内閣が担い（日本国憲法第65条），内閣総

理大臣が行政各部を分担管理する各大臣を任命し行政全体を指揮監督している（同第72条）。そして，内閣の統轄下に明確な範囲の所掌事務と任務を有する各行政分野の行政機関を設置して行政運営にあたっている（国家行政組織法第2条，第3条）。

文部科学省の組織

　文部科学省（外局の文化庁，スポーツ庁を含む）は，教育や科学技術，スポーツ，文化等の所掌事務を担当する国の行政機関である。文部科学省の設置と任務，所掌事務，必要な組織を定めているのが，文部科学省設置法である。

　文部科学省設置法には，文部科学省の任務（第3条）と，その任務を達成するための所掌事務が規定されている（第4条）。そして，それら任務と所掌事務を効率的に遂行するために省内に必要な組織が作られている（「文部科学省組織令」，大まかな組織図は**図6-1**）。同法第4条に規定されている文部科学省の仕事を整理すると，おおよそ，次のようなものに分類できる。

（1）規制−権力活動：私立学校の設置認可・変更・閉鎖命令等，教科書検定，地方の事務の管理・執行に対する是正要求や指示等，国が地方自治体，学校法人（私立学校）等に一定の義務を課したり，ある行為の禁止・制限をしたり，又，許認可などを行う。

（2）国の教育政策の企画立案や全国的基準の設定：国内外の様々な状況を考慮して必要な国としての教育政策や教育改革に取り組み，全国的に適切な内容・水準の教育を平等に保障し確保するため，教育の内容と教育条件整備等に関する全国的基準の設定とその維持向上，改善を図る。

（3）支援・助成活動：地方自治体，学校法人（私立学校）等の教育

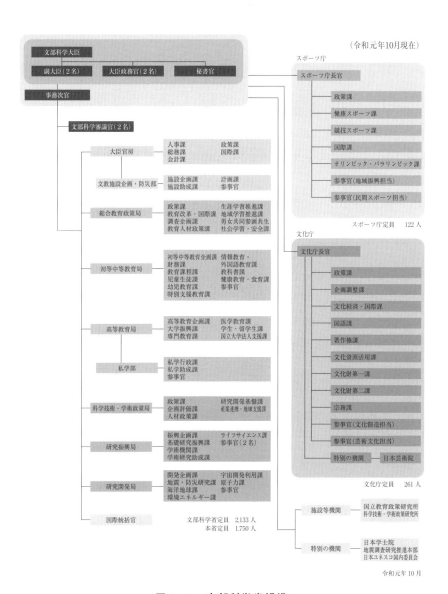

（令和元年10月現在）

文部科学大臣
副大臣（2名）　大臣政務官（2名）　秘書官
事務次官
文部科学審議官（2名）

大臣官房
人事課　政策課
総務課　国際課
会計課

文教施設企画・防災部
施設企画課　計画課
施設助成課　参事官

総合教育政策局
政策課　生涯学習推進課
教育改革・国際課　地域学習推進課
調査企画課　男女共同参画共生
教育人材政策課　社会学習・安全課

初等中等教育局
初等中等教育企画課　情報教育・
財務課　外国語教育課
教育課程課　教科書課
児童生徒課　健康教育・食育課
幼児教育課　参事官
特別支援教育課

高等教育局
高等教育企画課　医学教育課
大学振興課　学生・留学生課
専門教育課　国立大学法人支援課

私学部
私学行政課
私学助成課
参事官

科学技術・学術政策局
政策課　研究開発基盤課
企画評価課　産業連携・地域支援課
人材政策課

研究振興局
振興企画課　ライフサイエンス課
基礎研究振興課　参事官（2名）
学術機関課
学術研究助成課

研究開発局
開発企画課　宇宙開発利用課
地震・防災研究課　原子力課
海洋地球課　参事官
環境エネルギー課

国際統括官

文部科学省定員　2,133 人
本省定員　1,750 人

スポーツ庁
スポーツ庁長官
政策課
健康スポーツ課
競技スポーツ課
国際課
オリンピック・パラリンピック課
参事官（地域振興担当）
参事官（民間スポーツ担当）

スポーツ庁定員　122 人

文化庁
文化庁長官
政策課
企画調整課
文化経済・国際課
国語課
著作権課
文化資源活用課
文化財第一課
文化財第二課
宗務課
参事官（文化創造担当）
参事官（芸術文化担当）
特別の機関　日本芸術院

文化庁定員　261 人

施設等機関　国立教育政策研究所
科学技術・学術政策研究所

特別の機関　日本学士院
地震調査研究推進本部
日本ユネスコ国内委員会

令和元年 10 月

図 6 - 1　文部科学省組織

事業を国が資料・情報の提供，研修，負担金・補助金等などで支援，
奨励，振興していく。
（4）事業活動：独立行政法人・国立学校，研究所・機関等の設置，
維持・運営・管理等を国が教育事業の主体となって行う。

　文部科学省の主要な仕事で経費も大きいのが，（2）教育政策の企画
立案や全国的基準の設定，（3）支援・助成活動，（4）事業活動である。
それは，文部科学省が所管している教育予算の内訳を見ても明らかであ
る。教育の全国的基準設定や支援・助成に基づく地方自治体や学校法人
（私立学校）に対する負担金・補助金が教育予算の大半を占め，次に，
国立大学法人運営費交付金，科学技術振興費等の順となっている。文部
科学省が「補助金官庁」とか予算・補助金が多い資金ネットワーク型（業
務，金）省庁といわれる所以でもある（辻中 2000）。2004年度から国立
大学が独立法人化されたことで文部科学省の職員数はそれまでの約14万
人から本省の約2千数百人までに縮小したが，その資金ネットワーク型
（業務，金）の特質は大きく変わっていない。

**（2）文部科学省の政策形成・決定過程－積み上げ型の合意形成による
　　政策決定**
　文部科学省内の組織には，総合教育政策局，初等中等教育局，高等教
育局，科学技術・学術政策局等の各分野の行政を所掌する局（原局と呼
ばれる）があり，更に，各局内に仕事の基礎単位である課が配置されて
いる。省内の業務は，これらの課を単位として課長，企画官，課長補佐
等を核として担われ（各局担当の審議官はそれら仕事に対するサポート
や指示等を担う），局長→文部科学審議官→事務次官という組織階梯を
昇っていく。また，省内には局に加えて，大臣官房という部署がある。

大臣官房とは，各局を横断する全省的な総合調整や省を代表して対外的折衝などを行う部署である。文部科学省は，他省庁に比較すると伝統的に原局の発言力が強い縦割り組織であり，省横断的で省内の企画・調整を担当する大臣官房は，「各局に対してあまり大きな力を持っていなかった」（前川 2002）と言われてきた。原局が強い理由は，初等中等教育局では，小・中・高等学校，高等教育局では大学など局毎に広く現場を抱えており，その現場の意向に大きく左右されるという背景がある。局内で決定できる政策は局長レベルで決裁される。省内の合意形成のしくみとしては，連絡課長会議（毎週開催，大臣官房総務課長が調整役）⇒局長会議（毎週）があり，重要な予算案，法案などは省議で了解される。

　文部科学省における基本的な政策づくりは，局単位の縦割りをベースに積み上げ型で調整を重視したものである。政策形成に必要な情報は，①日々の行政実務で接している関係機関・団体からの情報収集，ヒヤリングや会議，陳情，②各種の研究開発や調査研究，③審議会，調査研究協力者会議等を通じて進められる。これらのなかで公式で中核的な審議機関が中央教育審議会であるが，特定テーマをより専門的・実務的に検討する場合には，研究協力者会議を設置するなどして専門的な調査研究が行われる。これら中教審や研究協力者会議などの各種会議は，学識経験者や関係機関・団体選出の委員だけによる審議や調査研究の場としてだけではなく，教育関係団体・機関・者からのヒヤリング・調査等も広範囲に行われ，ある意味，教育・教育行政業界の利害と合意形成のための重要な調整過程ともなっている（ショッパ／小川訳 2005，小川2010）。

　教育は国家社会の重要な存立基盤の一つであり，また，社会の各方面の人材育成も担っていることもあり政治や経済などからの圧力が強い。しかし，そうした政治や経済などからの強い外圧にも拘らず，従来，文

部科学省が積み上げ型の政策形成と調整を重視してきた理由は，国民の生活に関連した教育・文化・スポーツ等の行政を担っているため広範囲の国民的合意形成を不可欠としていることや，多くの学校や行政の現場を抱え日々の教育活動が展開されている中では急激な政策や制度の変更は極力避けられなくてはならず，改革が必要な場合でもその改革は可能な限り漸進的な見直しが望ましいと考えられてきたからでもあった（前川 2002）。こうした中央省庁における所管部局毎の積み上げ型の政策決定については，「他部局へ拒否権を持つこととなり，合意調達に時間とコストがかかるばかりではなく，従来からの方針転換が難しいという結果を生む」という問題点が指摘されてきた。しかし，他方で，その利点として，「組織上，政策実施の責任を持つ部局が，政策決定に対して，立案過程を通じて強い発言権を確保しているため，現場の実情や政策実施上の諸問題をよくふまえて，政策が立案・決定される点である。また実施すべき政策の内容が担当者によく認識されているため，順調な政策実施がなされやすい。この点は日本官僚制の持つ意思決定システムの長所ということはできよう」と指摘されてきた（飯尾 2007，pp.54-55）。

2. 国の教育政策形成・決定のしくみ―政治と行政―

（1）政策形成・決定の各段階

国の教育政策の決定は，国会での関連法律や予算の成立によって具体的な形となるが，そこに至るまでの過程は，①課題設定（何を重要な政策課題として取り上げるかという政策の選択や優先順位を決める大きな政治的判断），②高い優先順位で選択された個別政策の内容作りと政府－政権与党内の合意形成，③法案作成，④法案の国会提出と審議，といった手順を経る。そうした教育政策形成過程の各段階において，政府＝内閣，文部科学省，政権与党，与党文教族，野党，教育関係団体等とい

った教育政策に関わる主要アクターの役割や影響力が異なってくる。大まかに言えば，①の課題設定では，国民的世論の動向を背景に政治的判断が重要な役割を果たすことから政治−特に内閣や政権与党，文教族の役割は大きい。官僚は既存の政策を踏襲しつつ見直しが必要な場合でも漸進的改善を図る傾向にあるため，新たな政策とか既存の政策を根本的に手直しする際には，やはり大きな政治判断が欠かせない。②と③に進むに従って，文部科学省の役割が徐々に大きくなるが，しかし，この過程でも政治（内閣，政権与党，文教族，野党，教育関係団体，等）との調整は継続する。

（2）内閣と与党の政策調整−総務会と政務調査会

　内閣は，教育政策を具体化する法案・予算案の国会提出権限等の行政権を担っていることから，教育政策の形成と決定には内閣が最も大きな影響力をもっていることになる。しかし，戦後の長い期間，政権与党であった自民党と党を基盤に組織される内閣との間には，内閣が国会に提出する法案・予算案は予め自民党内の合意（＝調整と承認）を得なければならないとするルール（事前審査）があった。そうした党内における政策の調整・承認の機関が総務会と政務調査会（以下，政調）であった。

　総務会は，「自民党の最高意思決定機関である党大会や両院議員総会に代わって，日常的な最高意思決定機関」（飯尾 2007，p.83）であり，国会に提出する法案・予算案の最終的承認や党務全般にわたる審議を行う機関である。総務会の前段階で各行政分野の政策や法案・予算案を審議し決定する機関が政調である。政調は総会である政調審議会，部会等から構成されている。部会は，中央省庁の機関に対応して各専門部会が設けられており，文部科学省に対応しては文部科学部会がある。

82

（3）文部科学部会と文教族

　文部科学部会に属し教育・文化・スポーツ等に強い関心を持つ熱心な
議員を文教族と呼ぶ。自民党内の教育政策形成は，文部科学部会を中心
に文教族によって担われてきた。文部科学部会は，ほぼ毎週のように開
催され，プロジェクトチームの調査研究の報告を受けたり，外部から有
識者を招いて学習会を開いたり，また，文部科学省から中央教育審議会
での審議状況や全国の教育改革の動向，情報等の報告を受けるなどして
部会としての合意形成を図る。部会には，文部科学省からも局長，審議
官等の関係局・課の担当幹部が恒常的に出席し部会（文教族）と文部科
学省の一体的な政策立案作業が進められてきた。部会でまとめられ了解
された法律案，予算案等は，総務会の承認を経て内閣提出の法律案・予
算案となる。こうした政権与党の事前審査と党内合意を重視する積み上

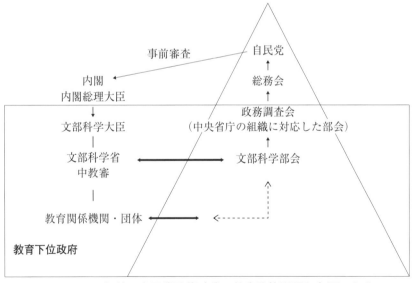

図6-2　2001年前の自民党政権時代の教育政策過程と主要アクター

げ型政策決定のしくみが，政権与党の族議員と中央各省庁（官僚）との
結びつきを強め行政分野毎の縦割り行政を生み出す温床となり，また，
内閣の指導力を損なってきたと批判されてきた（ショッパ／小川訳
2005，飯尾 2007，pp.78-104，野中 2008，pp.112-148）。

　しかし，1990年代以降に本格的に進む政治変革は，そうした旧来の教
育政策過程を大きく変えて行くことになる。

3. 国の教育政策決定過程の改革と変化—2001年中央省庁再編と2009年，2012年政権交代の影響—

（1）1990年代政治改革と2001年中央省庁再編による変化
—内閣機能の強化と主役から脇役に後退した文部科学省—

　旧来の調整・合意を重視した積み上げ型の政策過程を大きく変えるこ
とになる内閣主導のトップダウン型政策決定を可能とさせた直接的な要
因は，後に見る内閣法の改正や中央省庁再編であったが，実はそれに先
行したもうひとつの重要な改革があった。1990年前後に実行された政治
改革－具体的にいえば，選挙制度改革（中選挙区制から小選挙区比例代
表並立制への移行）と政治資金制度改革（政党への公費助成）がそれで
あった。

　小選挙区比例代表並立制は，従来の候補者個人重視の選挙から政党本
位＝政策本位の選挙の色彩を強めるとともに，公費助成の選挙資金配分
と党の公認候補者の決定権を有する党執行部の力を強化し党内集権化を
進めた。党執行部の権限強化，即ち，党内集権化が，次に続く内閣法改
正と中央省庁再編によって作り出された内閣総理大臣の権限強化とそれ
をバックアップする内閣府を機能させていく基盤になった（飯尾 2007，
小川 2010）。

　1990年代以降の政治改革では，旧来の積み上げ型の政策決定が，族議

員と中央各省庁（官僚）との一体化を進め行政分野毎の縦割り行政を生み出し官僚主導を強化する温床であると批判され，内閣の指導力を回復・強化するため"政治主導"が唱えられた。

"政治主導"を実現させる改革は，その後，国会制度改革（党首討論の開始，政府委員制度の廃止等），内閣制度改革（副大臣，大臣政務官の創設等），そして，中央省庁再編（内閣法改正，内閣府の創設等）として実現されていった。特に，2001年中央省庁再編による内閣機能の強化は国の政策決定に大きな影響を及ぼした。この中央省庁再編は，中央省庁の統廃合と見られがちであるが，その本来の目的は内閣機能の強化にあった。具体的には，内閣総理大臣の権限・責任をより明確にしたうえで，内閣総理大臣とそれを支える内閣官房の機能を拡充した。具体的には，内閣府を創設して特命担当大臣を置き企画・調整権限を付与するとともに，内閣総理大臣又は内閣官房長官を議長とする重要政策に関する企画・調整のための合議制機関を設置して重要政策を内閣総理大臣主導で機動的に策定し実施していく体制を整えた。

こうした内閣機能の強化は，教育政策決定の過程と政策内容にも直接的な影響を及ぼした。特に，2001年に発足した小泉内閣（～2006年9月）ではその重点テーマが，国と地方及び官と民の役割を大きく見直すことをテーマにする構造改革であったこともあり，内閣府の中に設けられた経済財政諮問会議，規制改革・民間開放推進会議（その後，規制改革会議），地方分権改革推進会議（その後，地方分権改革推進委員会）が，国と地方及び官と民の役割が錯綜する分野である教育行財政改革の課題を共通して取り上げた。この時期に，教育政策の大きな転換が起こった背景にはそうした理由があった。内閣府の各会議から提案される教育政策方針は，即，内閣決定とされたため，文部科学省はそれら政策方針に否応無しに対応を迫られた。そこには，旧来の「教育下位政府」を基盤

とした閉鎖的な教育政策決定過程において政策調整の主導権を掌握してきた文部科学省の姿はなかった。また，新しく創設された内閣府各会議への中央省庁からの参加メンバーが，財務省，総務省，経済産業省といったいわば「制度官庁」（経済官庁）が占めたことから，文部科学省よりそれら「制度官庁」（経済官庁）が教育政策に対する発言権や影響力を増大させ中央省庁間のパワーバランスを大きく変化させた。文部科学省は，「教育下位政府」の"外部"からの攻勢的な教育改革に対し「受け身」的に対応せざるを得ない立場に置かれることになった。

（2）2009年，2012年の政権交代を跨ぐ政治主導の教育改革とそのゆくえ
民主党政権による"政治主導"確立の試み

　2009年9月に誕生した民主党政権は，「コンクリートから人へ」をマニフェストに掲げたように教育重視のスタンスを取ったが，"政治主導"という点では，新政権発足当初には自民党政権による2001年中央省庁再編の取り組みを更に大きく上回る大胆な試みを推し進めようとした。民主党政権による"政治主導"の取組みは，①中央省庁官僚との関係見直しでは，事務次官会議の廃止，政務三役（大臣，副大臣，政務官）主導の省庁運営と政策決定（政務三役会議からの官僚の排除など），②政府（内閣）と与党との関係では，政策決定システムの内閣一元化のために自民党時代に存在した与党の政務調査会のような組織を廃止し与党議員が副大臣と政府提出法案や予算などを意見交換する各省政策会議を設置し与党族議員の介入をなくする（後に，党内に政策調査会が設置される），③内閣の機能強化では，国家戦略室の新設や首相補佐官の増員等が図られた。

民主党政権下の"政治主導"の試みと失敗

　民主党政権下では，文部科学省内の旧来の政策決定や行政運営でも見直しが進んだ。自民党政権時代には，教育業界を基盤にした積み上げ型政策決定が行われ，その要の一つに文部科学省の中教審があった。中教審は功罪相半ばするしくみであると評価されてきたが，民主党政権はその中教審の位置づけを大きく見直すことを謳った。民主党政権の最初の文部科学副大臣に就任した鈴木寛副大臣は，当初，文部科学政務三役が教育政策決定を担うこと，中教審の役割を縮小し中教審以外に教育関係者・有識者との政策懇談会を重視し多用した。

　中教審は教育関係の利益団体・組織の調整機関であるという見方から，広く市民・教育関係者等の「民意」を集約するためにインターネットや各地での会合等を活用した「熟議」という手法を導入するなど新たな教育政策決定の形を模索した。ただ，民主党政権下の教育政策決定の特徴を自民党政権時代のそれと比較すると，①党内に政策調査会が設置されたがそれが機能しなかったこと，②その背景には，党内に文教の核となる集団＝文教族が形成・育成されなかったこと，③そのため，内閣と政務三役により大きな政策転換を図れる可能性が大きかったが，政権の基盤そのものが党内対立等で脆弱化し，また，短期間で代わる文部科学政務三役人事によって内閣・政務三役主導が機能しなかった，等を指摘できる（飯尾 2013，小川 2018）。

第二次安倍政権下における政治主導の教育改革－教育再生実行会議

　2012年11月の自民党の政権復帰と共に，第2次安倍政権は経済と教育の「再生」を強い日本の復活のための重要課題として位置付け内閣主導の教育改革を進めた。内閣主導の政策決定と行政運営は，2001年の中央省庁再編でその仕組みは構築されていたが，それを実際に機能させたの

は長期安定政権であった小泉政権時代だけであったと評価されている。その後の安倍第1次政権，福田，麻生の政権は1年の短命内閣であったこともあり内閣主導の制度的仕組みを有効に機能させることはできなかった。前述の民主党政権も同様であった。第2次安倍政権は，内閣発足当初から世論の支持率も高く長期政権と想定されたこともあり，内閣主導が機能し教育改革においても内閣に教育再生実行会議を設置しそこを司令塔として内閣主導の教育改革を進めた。

　その進め方は，従来の政権のそれと比較して際立った。小泉政権の際も内閣主導の教育改革が進められたが，それは経済・行財政改革の一環としてそれに関係した教育行財政システムの改革に限定されていた（義務教育費国庫負担制度の見直し等）。それに対して，第2次安倍政権以降における教育再生実行会議主導の教育改革は，教育改革が独立したテーマとして設定され，広範囲の教育課題が改革の対象にされた。特に，その進め方で特徴的なのは，内閣の教育再生実行会議が教育改革課題のアジェンダ設定（テーマと課題の選択・設定）と各テーマ・改革課題の基本方向を決定し，それを踏まえた詳細な制度設計や内容の詰めを文部科学省・中教審に任せるという手法をとったことである（小川 2018）。

おわりに―教育政策決定における "政治主導" のあり方―

　今日，"政治主導" を否定する者はいない。ただ，政治は有権者の支持（票）の獲得をめぐって政党間の対立＝政策争点を恣意的に設定し分かり易く提示しようとする傾向があり，政策課題の対象となる問題を単純に構図化したうえで政策＝改革課題を論じるきらいがある。教育改革を論じる際にも，教育の現状をどう認識・評価し，どのような問題が存在するかを実証的に分析したうえでその問題解決に適切な処方箋＝政策課題を明確にしていくという一連の実証的検証作業が不可欠であるにも

拘わらず，政治のレトリックや目論見はそうした地道な実証的検証の過程を軽視ないし無視する傾向がある。"政治主導"のトップダウン型政策決定が，そうした地道な実証的検証作業を棚上げして単なる多数決の横暴に陥らないためには，"政治主導"の決定の根拠となる政策課題の対象の問題と対応策に関する正確で豊かな情報と課題把握の的確さが必要不可欠となる。力強い"政治主導"の決定には，それと同等以上のボトムアップによる情報と専門性に裏づけられた課題把握，政策の実証的検証の努力が求められるのである。

参考文献

飯尾潤『日本の統治構造―官僚内閣制から議院内閣制へ―』中公新書，2007

飯尾潤「政権交代と『与党』問題－『政権党』になれなかった民主党」（『政権交代と政党政治』中央公論社，2013）

小川正人『教育改革のゆくえ－国から地方へ』ちくま新書，2010

小川正人「教育政策の構造転換」（日本教育経営学会編『現在教育改革と教育経営』学文社，2018）

辻中豊「官僚制ネットワークの構造と変容」（水口憲人・北原鉄也・真淵勝 編著『変化をどう説明するか 行政篇』木鐸社，2000）

野中尚人『自民党政治の終わり』ちくま新書，2008

前川喜平「文部省の政策形成過程」（城山英明編著『続・中央省庁の政策形成過程』中央大学出版部，2002）

レオナード・ショッパ（小川正人監修訳）『日本の教育政策過程―1970年～80年代教育改革の政治システム―』三省堂，2005

【学習課題】

1．2000年以前までの自民党政権下における旧来の教育政策決定のしく
　みと特徴を説明してみよう。

2．2001年の中央省庁再編は，教育政策決定にどのような変化を生みだ
　したのかを論じてみよう。

3．教育政策や教育行政運営における政（政治）と官（官僚）の役割，
　関係を考え，望ましい国の教育政策決定のあり方について論じてみよ
　う。

7 | 教育政策における研究活用

岩崎久美子

《目標＆ポイント》 教育政策で言及される「エビデンスに基づく教育政策」という言葉が登場した背景を理解した上で，エビデンスの産出，仲介（普及・伝達），活用の三つの段階のそれぞれの課題について整理し，政策におけるデータのありようについて議論する。

《キーワード》 知識社会，論理−科学的モード，ナラティブモード，エビデンスに基づく教育政策，二つのコミュニティ論，研究の政策活用

---

1. 政策立案プロセスにおけるデータ

（1）数字の客観性

かつて，科学エッセイの名手であるアイザック・アシモフ（Asimov, I.）は，その著書の中で次のように書いている。

「人間を作りあげている個々の要素−肉体的，精神的，器質的，感情的な要素−の数はきわめて大きなものであるから，いかなる組み合わせも，辞書に定義されている意味での正常とは呼べないだろう。…（中略）それどころか，人間のような複雑なものに関する統計的な抽象概念とは，どれも疑わしいものである。そういうものが，保険統計表の計算とか，選挙の予測とかにとって，いかに便利であろうと，通常の生活を営む通常の人間がそれを誤解して，不必要に大きな嘆きをいだくこともありうるのだ」[1]

社会科学のさまざまな領域では，客観的尺度を求めて，統計学などに

1　アイザック・アシモフ（山高昭訳）『たった一兆』早川書房，1985，pp.98-99.

依拠して信頼性・妥当性を推測し事実を捉えようとしてきた。

　心理学者のブルーナー（Bruner, J.）は，このような考え方を「論理
－科学的モード」と呼ぶ。この論理－科学的モードで重要な点は，数学
や論理学で認められる論理的議論や演繹法による客観的で普遍的な真理
の探求にある。一方で，教育内容によっては，体験や経験を意味づける
ことを目的に，主観的な語りからもたらされる迫真性や真実味を重視す
る場合もある。こちらは同じくブルーナーによって，前述の論理－科学
的モードと対比的に，かつ相補するものとして，「ナラティブモード」
と呼ばれている[2]。

　ブルーナーの言うこの二つの思考様式はいずれも重要であるが論理－
科学的モードに立脚すれば，論理性を重視し，客観性の担保や論理の裏
付けのために数字が用いられる。教育学でも，事象を説明するため，あ
るいは教育学が科学的であることを主張しようとするとき，さまざまな
数字が実証として用いられる。数字は，社会のある様相を切り取り，代
表性を持った客観性あるものとして提示される。しかし，アシモフが指
摘するように，数字はその活用や解釈において，不必要な反応を生じさ
せる場合もある。また，現実として，そこに潜むバイアスや恣意性をす
べて排除することはできないことも多い。数字の客観性には限界がある
ことに留意が求められるのである。

（2）知識社会におけるデータ

　このような限界があるゆえに，数字やデータを有効に活用するために
は，逆説的に数字の意味するものの質の保証が重要となる。どのような
数字が正確で，どのような数字に限界があるかを見極めることが必要な
のである。このようなデータに関するリテラシーと呼ばれる見識力が問
われるのは，知識社会と言われる現代の特徴である。

2　Bruner, J. *Actual minds, possible worlds*. Harvard University Press, 1986,
　 pp.11-13.

　知識社会とは，働く者が知識を自ら所有し，その知識が最大の資源となる社会である。知識は成果を生む手段であり，知識が価値を生み出す生産物でもある。「知識がいまや先進的かつ経済における中心的生産要素」なのである[3]。また，知識社会では，研究で産出される知識も生産物であり，消費物でもある。そこでは，インターネットなどのデジタル・ネットワークを介し，大量な情報が広く提供され，誰もが直接，入手可能になった。そのため，玉石混交の情報を選別し質保証をすることや，適切な知識のマネジメントが重要となるため，質が高く科学的に体系化された知識，特に，その中でも良質な研究手法で産出された成果物を特定する動きが生じることになる。

（3）エビデンスに基づく政策

　このような知識の消費化が進む社会において，質の保証された知識の社会的共有の形態として，判断基準を提示する動きの一つが，政策や実践における「エビデンス」（evidence）という言葉の志向である。教育の場面でも，数字に裏付けられたデータに基づき，政策の立案を行うことを「エビデンスに基づく政策立案」（Evidence-Based Policy Making, EBPM）と言う。

　そもそも，エビデンスという言葉は，物証といった科学的証拠，裏付けを意味する。たとえば，米国の刑事ドラマなどを見ると，検察官が法廷で被告人の罪状を裏付ける血液や指紋といった物証を提示するシーンが出てくる。この時の物証という意味で用いられるのが，英語のエビデンスという言葉である。

　エビデンスという言葉は，1990年代になって，まずは医療において注目された[4]。医療でのエビデンスとは，臨床疫学的方法によって得られ

3　ピーター・F. ドラッカー（林雄二郎訳）『断絶の時代』ダイヤモンド社，1969，p.350.

4　Gordon Guyatt, et al., "Evidence-Based Medicine: A New Approach to Teaching the Practice of Medicine", *JAMA*, 1992, vol.268, No.17, pp.2420-2425.

た一般情報を臨床判断に利用する方法論を指す。このようなエビデンスに基づき医療を行うことが「エビデンスに基づく医療」（Evidence-Based Medicine, EBM）と呼ばれたのである。

　医療では，前述のブルーナーが，論理－科学的モードとナラティブモードとを類型化したのと同様に，「エビデンス」と「ナラティブ」という二つの考え方が対比的に用いられる。この二つの言葉を，研究に置き換えれば，量的調査と質的調査の対比に相当する。また，この二つを能力という言葉に引き寄せて考えれば，「臨床判断のプロセスにおいて，その判断の基準を与えてくれる参照枠となる外部情報（その多くは臨床疫学的情報である）を適切に利用するための能力」が「エビデンス能力」であり，「患者の病いの物語についての医療者の物語や，医療者自身の物語を適切に表現すること」ができ，それを通じて，「医療者と患者の適切な関係性（＝癒しの関係）に参入することができる」ことが「ナラティブ能力」とされる。医療者には「目の前の患者の最大幸福」という視点において，いずれの能力も，ともに重要とされる[5]。

　つまり，エビデンスという言葉が医療領域に出現した背景には，医療者に期待されるこれらの二つの能力のうち，エビデンス能力が軽視され，実証的裏付けのない権威者の見解によって医療行為が行われてきた過去に対する反省と反発があり，それにより主観を離れた疫学的研究や臨床実験などのデータに基づく客観的なものへの主張がなされたことがある。

　その後，医療を追いかけるかのごとく，教育領域でも，エビデンスという言葉が注目されるようになった。その象徴的出来事が，英国の教育学者のハーグリーヴズ（Hargreaves, D.）が行った1996年の英国教師訓練局（Teacher Training Agency, TTA）の年次総会での講演である[6]。

5　斉藤清二『改訂版　医療におけるナラティブとエビデンス－対立から調和へ』遠見書房，2016，pp.7-8，pp.28-29.

6　David H. Hargreaves, *The Teacher Training Agency Annual Lecture 1996*, London, 1996.

ハーグリーヴズは，この講演において，「教職は現在のところ研究に基づく専門職ではない」（"Teaching is not at present a research-based profession."）と断じ，教育研究が医療と同様にエビデンスに基づく科学性や客観性を持つべきと主張した。

このような流れを受けて，英米の教育政策において，2000年代になるとエビデンスという言葉が政策文書に登場するようになる。英国では労働党のブレア（Blair, A.C.L.）政権下で教育水準向上のための測定可能な数値目標設定や政策決定におけるエビデンスの有効活用の主張がなされた。一方，米国では共和党のブッシュ（Bush, G.W.）政権下の2002年に制定された「どの子も置き去りにしない法（1965年初等中等教育法の改正法）」（No Child Left Behind Act, NCLB）に基づいて，学校での年間改善率の提示などの数値目標と結果に基づく政策評価が行われるようになった。このことにより，主要教科における学力評準テストに基づくアセスメントや成果に対するアカウンタビリティの強化がもたらされた。

英米などでエビデンスに基づく政策が重要視された背景としては，①透明性ある政府や情報公開に対する世論の高まり，②財政状況の悪化に伴うアカウンタビリティに応じた費用対効果といった政策効率性，③インターネットなどを介した知識伝達やコミュニケーションスタイルの変化，④政策決定システムの透明性を求める意思決定・判断といった社会の変化が挙げられる[7]。エビデンスとされる研究データは，数字で表されることもあり，予算要求時に説明がしやすいという政策上のメリットも大きかったと思われる。

2. 研究の産出

このように，政策に用いられるデータの名称として注目された「エビデンス」であるが，その言葉には，「つくる」「つたえる」「つかう」の

---

7 岩崎久美子「教育研究におけるエビデンスとは」『文部科学時報』2010年11月号，2010，pp.76-77.

三つの段階が包含される。ここで言う「つくる」とは研究の産出，「つたえる」とは研究の仲介（普及・伝達），そして，「つかう」は研究の活用ということになる。

　それでは，まずエビデンスの「つくる」という点に注目してみよう。

（1）医療におけるエビデンス

　GIGO（Garbage In, Garbage Out）という言葉がある。直訳は，「ゴミを入れればゴミが出てくる」という意味であり，データ取得の研究設計がいい加減であれば，取得されたデータに対していくら精緻な分析をしても，調査結果は価値がない無駄なもの，という研究上の警句である。研究におけるデータ取得では，綿密な研究設計がいかに重要かがわかる。

　たとえば，医療における新薬開発では，安全性・有効性に対し信頼できる科学的根拠となるデータ収集のための臨床試験（治験）が行われる。臨床試験のある段階では，食事，運動など，一日のスケジュール管理が厳密に統制され，薬の服用，採血，血圧，脈拍測定，その他さまざまな検査に基づくデータ取得がなされる。この場合，被験者を無作為に選択し，治療や予防の介入を行う介入群（治験薬群）と，何もしない比較対照群（従来の治療薬群やプラセボ群）などに割り付け，新薬投与（介入）の有効性を見る。このように無作為（ランダム）に二群に分け，その結果の差異により有効性を確認することを「ランダム化比較試験」（Randomized Controlled Trial, RCT）と言う。このランダム化比較試験で取得されたデータを集め，統計学的手法により統合（メタ分析）した上で産出された精緻なデータが，医療で言う狭義のエビデンスと呼ばれるものである。医療におけるエビデンスとは，本来，「何が有効か」（what works）を明示する厳密で客観性のあるものなのである。

しかし，医療にあって厳密な手法に則っていない中にも，有効な情報を含む可能性があり，狭義のエビデンス（RCT＋メタ分析）以外にも考慮に値する情報もある。そのため，そのようなさまざまなエビデンスのレベルが混乱しないように，ガイドラインとしてエビデンスの階層が次のように決められている。

　　レベルⅠ：（Ⅰa）RCTで産出されたデータを統計的手法によりメタ
　　　　　　　　分析したもの
　　　　　　　（Ⅰb）RCT
　　レベルⅡ：（Ⅱa）非RCT
　　　　　　　（Ⅱb）準実験的研究
　　レベルⅢ：比較研究，相関研究，症例対象研究，非実験的研究
　　レベルⅣ：専門家委員会の報告や意見，権威者の臨床経験

（2）医療と教育の研究手法の差異

　これに対し，教育領域では，エビデンスという言葉はかなり曖昧に用いられる。たとえば，OECDの定義を見ても，「エビデンスに基づく政策とは，政策オプションの中から政策決定し選択する際に，最も有益なエビデンスの誠意ある明確な活用」[8]という言い方にとどまる。

　このようなエビデンスという言葉をめぐり，先進的な医療と後発的な教育の領域で生じた研究上の相違に関して，ある共同研究の例を挙げたい。

　2000〜2001年にかけて，文部科学省の研究機関である国立教育政策研究所が，同じく厚生労働省の研究機関である国立公衆衛生院（現在の国立保健医療科学院）と「キレる子どもの成育過程に関する調査研究」という共同研究を行った。研究が実施された背景には，教師の言葉に反応し，突然，教師を殺傷した事件やバス・ハイジャック事件など，高校生

8　OECD教育研究革新センター編著（岩崎久美子・菊澤佐江子・藤江陽子・豊浩子訳）『教育とエビデンス−研究と政策の協同に向けて』明石書店，2009，p.37.

の突発的事件が相次いで起こり，子どものキレる行為に対し，社会的な
関心が高まっていたことがある。

　国立公衆衛生院の研究者の多くは医療関係者であった。彼らは，キレ
る子どもの生得的・器質的要因，たとえば，脳機能の測定などのデータ
取得による科学的分析の必要性を指摘し，医療領域ではエビデンスに基
づかない非科学的な研究は信用されないとの主張がなされた。そこで主
張されるエビデンスとは，単純な科学的データというよりも，前述のエ
ビデンスの階層におけるレベルⅠのいわゆるランダム化比較試験
（RCT）での結果を集積しメタ分析により産出される精緻なデータを意
味していた。

　この共同研究では，研究手法について長く議論が重ねられたが，最終
的には，実験によるデータ取得が困難であることで合意がなされ，結果
として，国立教育政策研究所が中心となり，保護者の養育態度に焦点を
置いて，その事例を集めることになった。

　このエピソードから，医療と教育との研究者の間では，原因に対する
関心，主要因の焦点，研究に対する客観性を担保する手法などが，かな
り異なっていることが理解できよう（**表7-1**参照）。

表7-1　キレる子どもの共同研究での医療と教育学の研究視点の差異

	国立公衆衛生院	国立教育政策研究所
1．原因に対する関心	遺伝的・器質的要因	後天的要因
2．主要因の焦点	知能・生化学的要因	保護者の養育態度
3．分析根拠	データ（数量データ）	事例（質的データ）
4．分析方法	科学的分析	記述的分析

出典：岩崎作成。

98

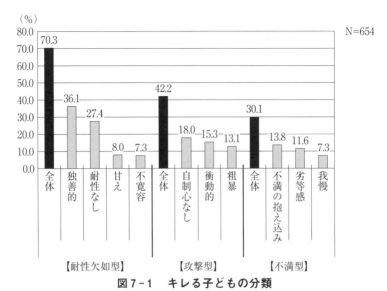

（%）
80.0
70.0 　70.3
60.0
50.0
40.0　　36.1　　　　　　　　　　42.2
30.0　　　　　27.4　　　　　　　　　　　　　　　　30.1
20.0　　　　　　　　　　　　　　18.0　15.3　13.1
10.0　　　　　　　8.0　7.3　　　　　　　　　　　　　13.8　11.6　7.3
0.0

N=654

全体　独善的　耐性なし　甘え　不寛容　全体　自制心なし　衝動的　粗暴　全体　不満の抱え込み　劣等感　我慢

【耐性欠如型】　　　【攻撃型】　　　【不満型】

図7−1　キレる子どもの分類

出典：国立教育政策研究所『「突発性攻撃的行動および衝動」を示す子どもの発達過程に関する研究−「キレる」子どもの成育歴に関する研究』（平成12〜13年度文部科学省委嘱研究）2002（平成14）年3月.

　その後，この共同研究は，調査項目の大枠が決定され，「全国養護教諭連絡協議会」「東京少年鑑別所」「少年センター等」「児童相談所」「全国家庭相談員連絡協議会」「生徒指導担当教諭」「東京臨床心理士会・スクールカウンセラー」「日本PTA全国協議会」に調査票を送付，事例ごとに状況，家庭状況などの詳細記入を依頼し，合計807の事例について，データが収集された。そこから，ADHD，精神障害／情緒障害等の明らかに医学的に問題があると思われる128件，記載不備25件を国立公衆衛生院の研究者（医師）が判断して除外し，654事例が分析対象とされた。客観性を担保するため，研究者3名の合意を経て分類が行われ，その結果が**図7−1**である。

　ちなみに，収集した事例の学校種は，①幼稚園・保育園76件，②小学校175件，③中学校229件，④高校136件，⑤その他38件であり，中学校が35％を占め最も多かった。また，全事例の87.8％が男子であった[9]。

　これまで述べてきたように，医療では，生物体としての「ヒト」に対する生化学的反応を数値化することが可能であり，薬の有効性を検討するようなランダム化比較試験（RCT）による厳密な結果をエビデンスと呼ぶ。しかし，この共同研究の経験を考えると，保護者の養育態度などの後天的要因を重視する教育領域では，精緻なデータ取得は研究デザイン上，限界があることは明らかであった。

（3）教育研究におけるエビデンス産出の試み

　それでは，教育研究においてエビデンスを産出することは困難なのだろうか。その後，この問いを持って，エビデンス産出の試みとして実施した小学校での研究の例を，次に紹介しよう[10]。

　この研究は，基本的な生活習慣の重要性を啓発したいとの小学校の校長の発案により，文部科学省の委託研究に申請し実施されたものである。研究目的は，「早寝・早起き・朝ごはん」の効果検証を行うことで学校教育の実践に有益な知見を提供することにあった。研究デザインとしては，2クラスからなる6年生のうち，一つのクラスを介入群，もう一つのクラスを比較対照群とし，介入群には，「早寝・早起き・朝ごはん大作戦」と呼ばれる3週間にわたるプログラムを実施した。

　介入プログラムは，土日以外の平日の始業時間前に，早朝登校，ラジ

9　岩崎久美子「キレる子どもの背景」慶応義塾大学出版会編『教育と医学』2007年9月号，2007，pp.54-61.
　（国立教育政策研究所『「突発性攻撃的行動および衝動」を示す子どもの発達過程に関する研究－「キレる」子どもの成育歴に関する研究』（平成12～13年度文部科学省委嘱研究）2002（平成14）年3月.）
10　岩崎久美子，金藤ふゆ子，下村英雄，八木佳子，吉田敦也『データで学校を元気にする－小学校での研究入門』東洋館出版，2011.

オ体操，一律メニューの食事，歯磨き，体温測定を3週間継続して行うというものであった。また，研究とともに，学校の教育プログラムとして，1年を通じて栄養士による栄養指導，養護教諭による保健指導（歯みがき，睡眠）を行った。研究実施に当たっては，保護者会での全体説明，介入群として参加する子どもの保護者全員からの同意書の取得という手順を踏んだ。

　その結果，得られた主な知見は次のとおりである。

・体温や歯肉の固さなどの身体的変化については，数字によるデータ取得が可能であり，また，その効果は最も早く生じた。

・心理的安定度としては，一部「自己効用感」の上昇が認められたが，イベント効果といった一過性のものか不明であった。

・学力定着度の指標とした「百マス計算」の終了時間と正確さは向上したが，学習効果ともとれ，今後の追跡調査が必要とされた。

　総じて，身体的変化，心理変化，行動変容の段階のうち，3週間で明らかになったのは，身体的変化であった。その上で，この調査研究に対し，課題がいくつか指摘された。

　第一に社会的要因による影響の除去が難しかった。家庭の生活習慣が，学校場面でのプログラム介入以前に子どもの健康に大きな影響を持つ。早朝登校により，早起きを統制したとしても，家庭に委ねられる早寝の強制は難しい。特に小学校の高学年になると，夜遅くまで塾に通う子どももおり，22時前といった指定した就寝時間を徹底することは難しかった。また，登校の様態が異なるため，自宅から学校までの通学距離の長短や通学方法が体温に影響を与えるとの指摘もあり，データの純度が低いと言わざるを得なかった。

　第二に研究実施上のさまざまな困難があった。朝ごはんの材料費は研究委託費によった。調理や体温測定，データ取得などは，保護者のボラ

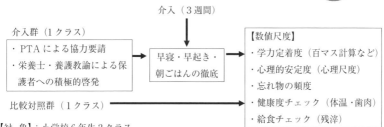

学習意欲・体力・気力の向上を図る

介入（3 週間）

介入群（1 クラス）
・PTA による協力要請
・栄養士・養護教諭による保護者への積極的啓発

早寝・早起き・朝ごはんの徹底

【数値尺度】
・学力定着度（百マス計算など）
・心理的安定度（心理尺度）
・忘れ物の頻度
・健康度チェック（体温・歯肉）
・給食チェック（残滓）

比較対照群（1 クラス）

【対　象】：小学校 6 年生 2 クラス
【群の構成】：①介入群（条件を整えたグループ 1 クラス）　②比較対照群（通常の生活をおくるグループ 1 クラス）
【取組期間】：3 週間
　7：20　登校（朝の挨拶）（安全指導）
　7：30　ラジオ体操（しっかり体を動かす目覚めの運動）
　7：45　朝食（一律メニュー）（主食，主菜，副菜を取りそろえ，バランスよい食事）
　8：10　歯みがき（食後の生活習慣の基本の一つをしっかりと）
　　　　　体温測定
【デザイン】：比較研究
【対象数】：1 クラス 28 人，1 クラス 29 人（57 例）
【実施期間】：2006（平成 18）年 6 月 26 日から 2006（平成 18）年 7 月 14 日
【評価項目】：①体温Ⅰ（赤外線サーモカメラ）　②体温Ⅱ（腋下体温計）
③体重　④歯科検診による歯肉の変化（写真撮影）　⑤集中力（百マス計算：回答時間／内田クレペリン検査）　⑥忘れ物チェック（上履き，教科書）　⑦心理尺度（文部科学省「児童生徒の心の健康と生活主観に関する調査協力者会議」（2003 年 3 月作成）（cf. 一部 CBCL（Child Behavior Check List）を参照して作成された尺度）

図 7-2　小学校での比較研究の例
出典：岩崎作成。

ンティア活動や教職員の追加業務となった。7月という暑い時期でもあり，食中毒がおきれば通常の教育活動に支障が生じるため給食室を使用せずに家庭科室で調理がなされた。当初，教育的観点から，介入群と比較対照群を交替して再度行うとの案もあったが，学校や関係者の負担が大きく，1回のみの実施となった。また，介入するプログラムの効果測定の3週間の期日設定は，効果が生じるには十分な期間とは言えなかった。

　第三に子どもを研究対象とすることへの倫理的制約があった。プログラムへの参加の許諾をとるために，学校側で保護者への説明会を数回実施し，また，PTAを通じ繰り返し説明を行った。中途不参加の自由を明記した同意書を保護者から取得し，最終的に実施に至り，幸い脱落者はいなかったが，当初は懐疑的な保護者も多数存在した。介入群の保護者全員の許諾をとることは，教育上の前提であったため，この作業には時間を要した[11]。

　この取り組みは，学校現場の校長の意欲により実施された先駆的なものであり，テレビ局の取材もあったことから，結果として学校関係者，PTAの保護者，参加した児童も満足度が高く，学校の教育的イベントとしての意義はあったと思われる。しかし，研究により明らかにされたことは，ヒトとしての体温や歯肉の固さは科学的データとして取得できるが，心理尺度や忘れ物，学力などについて，統計処理に値するデータ取得は難しいとの教訓であった。

3. 研究の活用

（1）研究成果の政策への仲介

　先にエビデンスには「つくる」「つたえる」「つかう」という三つの段階があると述べた。次に，「つたえる」の段階は，どのようなものかを

11　岩崎久美子「教育におけるエビデンスに基づく政策－新たな展開と課題」『日本評価研究』Vol.10，no.1，2010，pp.18-20.

考えてみたい。

　研究成果が政策立案者に知られ，政策判断の材料として用いられるためには，研究の性質として次のような点が重要である。つまり，①質が高く信頼の置ける出所であること，②明確で反論のない知見を提供すること，③委託研究か政治的サポートがあること，④地域の優先課題，ニーズ，文脈に沿っていること，⑤時宜を得たもので政策立案者や実践者の要求に関連すること，⑥利用者に分かりやすい方法で発表されていること，などである[12]。しかし，仮にこのような良い研究が産出されたとして，その成果はすぐさま政策に活用されるのであろうか。

　もともと，わが国の教育政策形成過程の特徴は，①ヒアリングや会議の積み上げにより，学校，教育委員会，大学などの現場ニーズに基づく政策形成が主流であること，②教育の効果には一定時間が必要なため，従来の政策を基本的に継続しつつ必要な修正を加えていくという漸進主義的なものにならざるを得ないこと，③公教育がすべての国民を対象にするため広く国民的なコンセンサスが必要であること，④何らかのアイディアが政策プロセスに乗るまで長い期間が必要であること，⑤政治からの外発的な政策創発が力を持っていること[13]，とされてきた。このような現実の政策形成過程を考えれば，研究成果がすぐさま直接的に政策や実践に活用されるとは限らないのである。

　また，研究が政策に活用されないのは，研究者と政策立案者の間に文化的差異があることも要因である。たとえば，カプラン（Caplan, N.）は，研究者と政策立案者は，文化が全く異なる二つのコミュニティであると論じている。カプランは，米国の政策に影響を及ぼす立場にある政策立案者（幹部官僚）を対象にインタビュー調査を行い，その結果，政策立

12　サンドラ・M.ナトリー／イザベル・ウォルター／ヒュー・T.O.デイヴィス（惣脇宏／豊浩子／稲井圭子／岩崎久美子／大槻達也訳）『研究活用の政策学－社会研究とエビデンス』明石書店，2015，pp.115-116.
13　前川喜平「文部省の政策形成過程」城山英明・細野助博編著『続・中央省庁の政策形成過程―その持続と変容―』中央大学出版部，2002，pp.197-199.

案者の多くが研究活用を前提にしておらず，政策に影響力を与える研究者とのネットワークも持たず，また，公式・非公式にも研究者と政策立案者との接触は稀であることを見出した。その上で，カプランは，研究と政策とのこのようなギャップを埋めるためには，研究者と政策立案者の二つのコミュニティ間のコミュニケーションを促すことが重要と結論付けている[14]。

　このように，研究成果を適切に政策立案者に伝えるためには，個人か組織は問わないが，政策立案者へ知識の橋渡しをする知識を仲介する機能を持つ存在が重要となる。知識を仲介する者としては，公益財団，研究センター，政府機関，専門職団体など，さまざまなものが挙げられる[15]。わが国では，省庁内部に設置されている研究所や，審議会などに委員として参画する学術関係者がこのような機能を持った存在の代表例であろう。いずれにしても，研究成果を政策側に伝えるには，知識の橋渡しをする個人や組織が政策立案者と対話をすることが重要となるが，その経路は公式・非公式なものがあり，多様で複雑で一定なものではないのである。

（2）研究活用のプロセス

　エビデンスにかかわる最後の段階は，「つかう」ということである。

　研究者が質の高い研究成果を挙げ，良質の科学的研究に基づくエビデンスが産出され，普及のための知識を仲介する人や機関が存在するとする。しかし，それでも政策立案者に届けられたエビデンスがすぐさま活用されるとは限らない。

　たとえば，ウェイス（Weiss, C.H.）は政策立案者や実践家が研究を活

14　Nathan Caplan, 'The Two-communities Theory and Knowledge Utilization', *American Behavioral Scientist*, vol.22, no.3, 1979, pp.459-470.

15　サンドラ・M.ナトリー／イザベル・ウォルター／ヒュー・T.O.デイヴィス（惣脇宏／豊浩子／籾井圭子／岩崎久美子／大槻達也訳）『研究活用の政策学 - 社会研究とエビデンス』明石書店，2015，p.95.

用するモデルとして，以下の七つの類型を提示している[16]。

①知識主導モデル

　知識が現実社会に適用され活用される。

②啓発モデル

　研究に基づく知識からのアイディアや理論などが間接的に政策プロセスに浸透する。

③社会の知的活動としての研究

　社会的関心によって研究が社会的状況に組み込まれる。

これらの①～③の知識主導モデル，啓発モデル，社会の知的活動としての研究の三つは，研究が時宜に合った場合に誠実に活用されるモデルである。

④政治的モデル

　研究が特定の政治的立場の支持や説得材料，反対者への攻撃材料として用いられる。

⑤戦術的モデル

　研究が行われている事実のみが重要で，政策の正当性への主張や批判をそらすために用いられる。

④～⑤の政治的モデルや戦術的モデルにあっては，研究の客観性や厳密性が必ずしも求められるわけではない。

⑥問題解決モデル

　解決すべき問題があり，政策立案者がその解決のための判断材料として研究を活用する。

⑦相互作用モデル

　政策立案者，研究者，政治的プロセスにおける関係者との間の相互協議によって斬新的に研究が取り込まれる。

⑥，⑦の問題解決モデルや相互作用モデルは，政策立案への研究活用

16　Carol H. Weiss, "The many meanings of research utilization", *Public Administration Review*, vol.39, no.5, 1979, pp.426-431.

が積極的に志向されるモデルであろう。

　いずれにしても，本来，政策立案や実践がエビデンスに基づくことが
エビデンスに基づく政策の主旨なのであるが，実際にはその例は稀であ
ろう。

　政策の多くは，合理的判断のための客観性によるというよりは，さま
ざまな利害調整がなされる中で妥協の産物として決定される。そのため，
都合の良いデータだけを選んで政策を正当化するための根拠として使う
「政策に基づくデータ・事実の創作」（Policy-Based Evidence Making,
PBEM）が行われ[17]，厳密に産出されたのではない数字が，政策を裏付
ける「エビデンス」という名の下に独り歩きすることも多いのである。

（3）政策に活用される国際比較調査
　研究成果が政策で活用される経路はこのように複雑であり，必ずしも
単純なものではない。しかし，その中で多くの国で教育政策に一般的に
活用される代表的な調査研究データがある。それは，OECD（経済協力
開発機構）による「生徒の学習到達度調査」（Programme for International
Student Assessment, PISA）などの国際比較調査である。

　OECD は，国の経済成長と個人の雇用可能性に教育が影響するとし，
学力などの測定データを公的投資の裏付けのために各国に提供してい
る。OECD に設置されている教育研究革新センター（Centre for
Educational Research and Innovation, CERI）は，教育政策の改善や改
革に向けた国際共同研究を行い，教育政策上の課題に関する国際比較可
能な指標を開発し，統計データの収集・分析を通じ加盟国の教育政策立
案を支援する。教育研究革新センターは，このような教育に関するデー
タが，エビデンスとして提出されるようになった理由として，児童・生
徒の学力調査などの教育成果への関心の高まり，公教育の質への懸念，

17　佐藤郁哉『大学改革の迷走』筑摩書房，2019，pp.442-443.

インターネットなどによる情報アクセスの可能性の増加などが背景としてあるとしている[18]。

　OECD による国際比較調査では，国別のランキングが公表され，国の威信にかかわることから，各国の教育政策に影響を与える。同時に，その結果に基づき，教育政策の在り方が議論され，①教育改善や改革に向けての教育・訓練投資に伴う予算獲得の根拠，②権威ある人々による意見よりも科学的データによる政策立案の根拠，③透明性ある組織や情報公開といった説明責任の根拠，④費用対効果や政策効率性を示す政策評価の根拠，として，これらのデータが，国際社会が提供する有力な実証として，政策に影響を及ぼすようになった[19]。

　翻ってみれば，教育のデータを教育政策の判断材料とすることは時に重要であるが，数値のみを重要視することで教育の本来の目的に対する議論を蔑ろにすべきではない。研究の実証主義は重要であり，客観性を求めて議論を行うことは肝要である。しかし，一方で数字を都合よく利用し，それをエビデンスという言葉でラベリングすることは，数字の解釈において，中立性や客観性の点で著しく誠実さを欠くことである。

　数字は，解釈の仕方や利用者の恣意性によって，その意味するところが変化する。エビデンスに基づく政策立案という言葉が社会の中に登場し，それが教育政策で取り入れられる中で，あらためて数字の持つ意味や信ぴょう性が問われていると言えよう。

18　OECD 教育研究革新センター編著（岩崎久美子・菊澤佐江子・藤江陽子・豊浩子訳）『教育とエビデンス－研究と政策の協同に向けて』明石書店，2009，pp.38-39.

19　岩崎久美子「教育研究におけるエビデンスとは」『文部科学時報』2010年11月号，2010，p.76.

参考文献

OECD 教育研究革新センター編著（岩崎久美子・菊澤佐江子・藤江陽子・豊浩子訳）『教育とエビデンス－研究と政策の協同に向けて』明石書店，2009

岩崎久美子，金藤ふゆ子，下村英雄，八木佳子，吉田敦也『データで学校を元気にする－小学校での研究入門』東洋館出版，2011

国立教育政策研究所編「教育研究とエビデンス－国際的動向と日本の現状と課題」明石書店，2012

サンドラ・M.ナトリー／イザベル・ウォルター／ヒュー・T.O.デイヴィス（惣脇宏／豊浩子／籾井圭子／岩崎久美子／大槻達也訳）『研究活用の政策学－社会研究とエビデンス』明石書店，2015

斉藤清二『改訂版　医療におけるナラティブとエビデンス－対立から調和へ』遠見書房，2016

鈴木大裕『崩壊するアメリカの公教育－日本への警告』岩波書店，2016

【学習課題】

1．医療の場面を想定し，「エビデンス能力」と「ナラティブ能力」のそれぞれのメリットとデメリットを整理してみよう。

2．「エビデンスに基づく政策立案」（Evidence-Based Policy Making, EBPM）をめぐり，エビデンスにかかわる三つの段階といえる研究の産出，研究の仲介（普及・伝達），研究の活用のそれぞれにおける課題をまとめてみよう。

3．OECD の「生徒の学習到達度調査」（Programme for International Student Assessment, PISA）結果の政策での活用例を挙げてみよう。

8 │ 保護者の教育期待

│ 岩崎久美子

《**目標＆ポイント**》 新自由主義的思潮による教育の私事化に伴い，教育の受益者である保護者や子どもは，教育サービスの消費者としての選択肢を有するようになった。本章では，教育の私事化に伴う保護者の教育期待の様相を紹介し，教育の消費的側面と公的性格を持つ義務教育の本質について考察する。

《**キーワード**》 教育ママ，女性の労働力化，教育の外部委託化，臨時教育審議会，学校選択制，ブライト・フライト，ペアレントクラシー，教育格差

1．日本における母親像の変遷

（1）「教育ママ」の登場

　「教育ママ」という言葉がある。近年ではあまり目にすることはなくなったが1960年〜1970年代にかけてマスコミなどでよく取り上げられた言葉である。当時，限られた子どもの教育に多くのエネルギーを注ぎ，子どもの人生上の成功を望む完璧主義を伴った母親像を象徴するのが，「教育ママ」という言葉であった。

　「教育ママ」という言葉の登場は，戦後もたらされた男性はサラリーマン，女性は専業主婦といった性役割分担型の家族形態と無縁ではない。

　戦前の女性は，男性とともに農作業などの主要な労働力であった。男性は仕事，女性は家事・育児といった性役割分担がもたらされたのは，

実は戦後のことなのである。女性は戦後に「主婦になった」と言われ，その主婦のモデルは，適齢期に結婚，子どもを２，３人持つといった画一的な家族観にあった[1]。家電製品の普及による家事の省力化，そしてそれに伴う家事時間の減少と育児時間の増加，核家族化と少産化の中で，少ない子どもを大切に育てるという価値観が醸成されていったのである。

　学歴社会の構造の中で，日本の熾烈な「受験戦争」に勝ち抜き，より良い学校，より良い企業といった出世コースに子どもを乗せるため粉骨砕身する当時の「教育ママ」の姿は，1978年に刊行された城山三郎の小説『素直な戦士たち』にも描かれている[2]。ここに登場する母親は，子どもを東京大学に入学させることを目標に，徹底的なエリート教育を試み，受験戦争に駆り立てる。学歴に対する過度の執着は，長男の自然な社会化を阻み学校生活でさまざまな不適応を生じさせ，また，家庭の中の緊張感をもたらす。このような日常生活の描写が，この小説の悲劇的結末を予測させる伏線である。長男は，思春期以降，母親の想定するレールの上を走ることが難しくなり，挫折感や心理的絶望が絡み合い精神的に破綻していく。そして，学力が上回ってきた次男に対する嫉妬や葛藤から，長男は次男をベランダから突き落とそうとし，最終的には二人とも転落，次男は重傷，長男は重体で意識が戻らない，というところで小説は終わる。

　孟子の母親が，子どもに対するより良い教育環境を求め住居を変えたとされる「孟母三遷の教え」は，教育熱心な賢母として肯定的な逸話の例である。しかし，「教育ママ」と呼ばれる母親が意味するところは，教育熱心な賢母というよりは，子どもの学業達成を自分の自己実現の代替とし，子どもの教育や成績に過度の関心や期待を持つ過保護・過干渉な母親の姿を表現している。そのような母親の姿を，マスコミなどが，

1　落合恵美子『21世紀家族へ』第３版，有斐閣，2004，pp.98-114.
2　城山三郎『素直な戦士たち』新潮社，1978.

病理的な現象として「教育ママ」と呼んだのである。

　実は,「教育ママ」がより良い教育や学歴を求めようとしたのは, 戦後の慣行であった終身雇用制の下, 高い学歴が安定した職業と人生を保証するといった神話があったからである。多くの母親が学業成績や有名校への進学といった学校教育における教育達成を指標とし, 学校や塾, 家庭教師などを功利的に利用し, 良い企業に入れることを最終目的とした[3]。そこには, 多くが中流であると意識し, より良い学校に入るための受験競争に平等に参加でき, そこでの成功が子どもの人生の成功であると素直に信じることができる社会的風潮があった。

(2) 専業主婦から労働力へ

　同時に, 専業主婦という形態が主流になったのは, 高度経済成長期となり, 総中流化, 職住分離, 核家族化と家族協力体制の弱体化, 家事・育児の内部化といった変化があったことによる[4]。

　しかし, 戦後「主婦になった」とされる女性は, その後, 時代を経て主婦から労働力として重要視されるようになる。

　図 8−1 を見てほしい。

　たとえば, 1986(昭和61)年の女性の就業率の年代ごとの点を結ぶと, 25〜34歳に底となるM字カーブを描く。つまり, 当時の多くの主婦は, 出産で離職し(M字の底), 子どもの手が離れたころに, パートタイムなどで復職する(M字の右肩)という就業パターンに倣っていたことが見て取れよう。女性が職業人として大成するには, 正規雇用として男性なみに働くことが期待され, 子どもを育てることを重視すれば, 出産・育児で離職せざるを得ない状況があったのであろう。多くの女性は, 出産時, 家庭に入り, 子どもが一定年数大きくなったところで, 子どもの教育費や家計の補塡のために, パートタイム労働者として復職するとい

3　本田由紀「『教育ママ』の存立事情」小山静子編著『論集　現代日本の教育史

　　4　子ども・家族と教育』日本図書センター, 2013, pp.465-466.

4　周燕飛『貧困専業主婦』新潮社, 2019, pp.22-26.

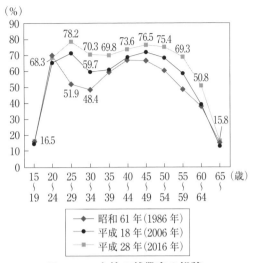

図8-1　女性の就業率の推移

出典：内閣府『男女共同参画白書』平成29年版

う労働形態をとった。そして，このようなパートタイム労働者としての
女性は，景気の動向で雇用調整可能な柔軟な労働力でもあった。

　しかし，2006（平成18）年，2016（平成28）年の女性の就業率の推移
を見ると，M字カーブの底が徐々に上に移動し台形状に変化，子育て期
と想定される年代に離職せずに働いている者が増加してきていることが
わかる。この背景には，1990年代になって経済が停滞し始めると，中流
の暮らしを維持するだけの世帯収入を男性一人で担うことが難しくなっ
たという状況の変化がある。また，少子高齢化の人口動態にあって，女
性と高齢者の労働参加拡大は社会的課題とされるようになり，特に「我
が国の経済成長にとって女性の労働市場での活躍が重要な鍵」[5]とされ
るようになった。そのためか，出産・育児で離職するのではなく仕事を
継続する女性が増えてきていると思われる。

5　内閣府「第2章デフレ脱却への動きと賃金をめぐる論点　第3節実質賃金上昇
　と労働参加拡大への課題　3．女性，高齢者の労働参加拡大へ向けた課題」『平
　成26年度年次経済財政報告』2014，p.168.

　このことを表すものとして，**図 8 - 2** を見てみよう。雇用者の夫と専
業主婦から成る世帯（「男性雇用者と無業の妻から成る世帯」）と夫婦共
働き世帯（「雇用者の共働き世帯」）の比率についての推移を表したもの
である。これを見れば，男性が仕事，女性が家事・育児とされる戦後の
性役割分担体制は，1996年を境に逆転しており，現在では逆に夫婦共働
き世帯が増加していることがわかる。

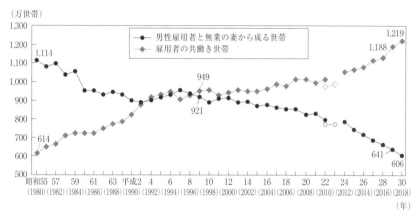

図 8 - 2　共働き等世帯数の推移

（備考）　1．昭和55年から平成13年までは総務庁「労働力調査特別調査」（各年 2 月。ただし，
　　　　　　昭和55年から57年は各年 3 月），平成14年以降は総務省「労働力調査（詳細集
　　　　　　計）」より作成。「労働力調査特別調査」と「労働力調査（詳細集計）」とでは，
　　　　　　調査方法，調査月等が相違することから，時系列比較には注意を要する。
　　　　　2．「男性雇用者と無業の妻から成る世帯」とは，平成29年までは，夫が非農林業
　　　　　　雇用者で，妻が非就業者（非労働力人口及び完全失業者）の世帯。平成30年は，
　　　　　　就業状態の分類区分の変更に伴い，夫が非農林業雇用者で，妻が非就業者（非
　　　　　　労働力人口及び失業者）の世帯。
　　　　　3．「雇用者の共働き世帯」とは，夫婦共に非農林業雇用者（非正規の職員・従業
　　　　　　員を含む）の世帯。
　　　　　4．平成22年及び23年の値（白抜き表示）は，岩手，宮城県及び福島県を除く全
　　　　　　国の結果。
出典：内閣府『男女共同参画白書』令和元年版（Ⅰ - 3 - 4 図　共働き等世帯数の推移）

「教育ママ」として，家庭内での育児や教育にエネルギーを注いでいた専業主婦層は，現在，中流とされる生活を維持するため，あるいは女性の社会進出の風潮によって，多くが社会で働くようになってきている。そのため，このような共働き世帯で子どもがいる場合，保育園，そして，必要に応じてさらなる保育サービス，学校に入ってからは放課後における対応施設，塾などの教育産業の利用など，専業主婦が家庭で行っていた育児・教育の一部を，外部委託せざるを得なくなる。

（3）消費者としての保護者

外部委託される子育てや教育のレパートリーに目を向ければ，経済的に余裕がある層は，より良い保育や教育を求めて消費者としての選択を行う。

このような保護者の意識の変化は，教育制度にも影響を及ぼすことになる。

たとえば，公教育でも教育が消費の対象として意識化されるようになったのは，1980年代にさかのぼる。この時期，欧米諸国を中心に市場主義的な考え方に基づく教育自由化論が盛んになり，それまで公共サービスとして行われてきた学校教育が，私事とされるようになった。このような背景には，社会経済的移動の増大と高学歴化，生涯学習の要請，さらには国家財政の逼迫による教育費個人負担の増大などにより，教育を個人投資と見る風潮が強まったことなどが挙げられる[6]。

そして，消費者の選択こそが教育を変える主要な推進力と言われるようになり，その根拠としては，保護者の「声」が蔑ろにされてきたこと，マーケットメカニズムが後押しすることで顧客である保護者が望むサービスを提供ができること，そして競争こそが改善をもたらすとする主張がなされた[7]。

---

6   OECD, *School: A Matter of Choice*, 1994, pp.11-13.

7   Donald Hirsch, *What Works in Innovation in Education School: A Choice of Directions*, OECD/CERI Working Paper, May 2002, p.34.

　このような先進諸国での流れを汲んで，わが国でも1984（昭和59）年に，中曽根康弘首相の下に臨時教育審議会が設置され，教育改革の方向性が議論された。臨時教育審議会は，1985（昭和60）年の第一次から1987（昭和62）年の第四次まで順次答申を提出したが，それらの全体を貫く主な論点は「規制緩和」を旗印にした教育の自由化であった。そして，教育政策をめぐる権力対立構造は，臨時教育審議会を境に，それまでの文部省（当時）と日本教職員組合といった保革の対立から，教育の供給者と受益者である消費者の対立に替わったとされる。その結果，消費者の意向によって教育政策が大きく左右されるようになった[8]。

　臨時教育審議会の答申に基づき，1990年代になると，個性重視の原則の下，総合学科，中高一貫の6年制中等教育学校の創設などの高校教育の多様化，選択教科の拡大，そして大学においては，設置基準の大綱化，自己点検・自己評価の実施，社会人入試，推薦入学などの選抜方法の導入，大学院の拡充など，制度の柔軟化や多様化による新たな施策が実施に移された。

　つまり，臨時教育審議会を境にして，教育サービスの提供者としての行政の責務は，保護者のニーズに応じた多様な教育環境整備と情報提供といった役割へと変容した。一方，保護者は，消費者として，また受益者として，提示された多様なメニューから学校を選択する自由や権利を持つとともに，自己責任で学校を選択することを強いられるようになったのである。

　学校教育が公的なものではなく私事であり，消費の一つとなれば，経済的状況が教育の選択に直接影響を及ぼすことになり，持てる者と持たざる者の格差が広がる。経済学者のハーシュマン（Hirschman, A.O.）によれば，消費者は，「離脱」「発言」「忠誠」という三つの行動パターンをとるとされる[9]。教育の場面を例にとった場合，離脱や発言を抑え

8　市川昭午『臨教審以後の教育政策』教育開発研究所，1995，p.15.

9　アルバート・O・ハーシュマン（矢野修一訳）『離脱・発言・忠誠－企業・組織・国家における衰退への反応』ミネルヴァ書房，2005，pp.50-57.

込む忠誠という行動パターンもあるが，多くは離脱，発言のいずれかが
行使される。たとえば，教育の質を重視し経済的な事情が許す保護者に
地域の公立学校に通う以外のオプション，私立学校という代替的選択肢
がある場合，公立学校から離脱する行動が促される。つまり，「低価格の」
公立学校の質に衰退が生じれば，教育の質を重視する親は私立学校を選
択し公教育を離脱する。また，このタイプの親は，私立学校の質が低下
したとしても私立学校に子どもを残そうとする。つまり，裕福な家庭の
優秀な子どもが私立学校に流れる「ブライト・フライト」（Bright
Flight）という現象が生じる。

　一方，公教育に残った者の選択肢は，発言の権利を行使することであ
る。しかし，学校を改善するために内部から発言をする権利を有すると
はいえ，発言に最も積極的で，信頼でき，創造的な主体となるはずなの
は，品質が低下すれば最初に離脱する可能性の高い顧客なのである。離
脱ができない，あるいは，離脱をしない消費者のとる発言という行動は，
わが国にあっては，「クッション材的な存在としての中間組織が衰退し，
苦情が個人化し，苦情対応も個別化」[10]しており，公立学校の質の向上
に向けてではなく，学校教育に対する不平や苦情として表出する場合が
多く見られる。このような学校に理不尽な要求を突き付ける保護者の行
動は，学校の私事化や消費者意識の表れとも言えるのである。

2．消費者の教育選択

（1）自己責任による教育の選択

　教育を消費の一つと捉えれば，消費者である保護者は，子どもの保
育・教育を自由に選択するようになる。子どもの誕生とともに，保育・
教育はどのように選択されていくのか。まず義務教育段階について考え
てみよう。

10　小野田正利『迷惑施設としての学校：近隣トラブル解決の処方箋』時事通信社，
　　2017，pp.51-55.

　第一は保育園か幼稚園かの選択である[11]。保護者が就労している場合，多くは保育園に預ける。女性が出産後も仕事を継続し就労率が高くなっている現在，保育園の増設は大きな課題となっている。今後，保育園，もしくは幼稚園の長時間預かり保育や質の高い保育内容への需要がますます高まることが予想される。育児環境の整備・充実は，出生数増加のための前提である。通常，女性労働者は，賃金上昇によって，育児よりも仕事を選択するとされ，女性の労働参加率（女性の労働供給量）と出生率は負の関係になり子ども数を減らすという行動が起きるという。しかし，女性の所得の増加にあっても，保育サービスの利用などで子育てコストの上昇を抑えることができれば，出生数の増加につながることが実証されている[12]。

　第二の選択は小学校入学時である。公立学校に通学させるのではなく，保護者の教育意向によっては，学校数は限られてはいるものの国立や私立の学校に入れる場合もあろう。また，公立学校であっても，理由によっては指定校の変更が許されたり，指定された学校以外に学校選択制を有する自治体も多く存在する。

　市町村教育委員会は，本来，子どもが通学する小学校や中学校を指定することになっているものの，保護者の申し立てにより，市町村内の他の学校に指定校を変更することを認めることができる。たとえば，共働きなどによる預け先のある地域の学校への変更，いじめ，不登校の問題，道路の整備などに伴い指定の学校よりも通学距離を短縮できるなどの理由で，指定校変更がなされるという。

　公立小中学校の学校選択制は，1990年代後半ごろから検討する地方自

11　文部科学省「学校基本調査」によれば，令和元年5月1日現在，小学校および義務教育学校第1学年児童数に対する幼稚園修了者の比率は42.6％で，前年度より2.0ポイント低下している。

12　安岡匡也「理論と実証（1）子どもの数，質，教育」山重慎二，加藤久和，小黒一正『人口動態と政策−経済学的アプローチへの招待』日本評論社，2013，pp.74-78.

治体が増え，2000年代になると，地域ごとの行政区割に基づく就学指定制度が柔軟化し，大都市圏での学校選択制の導入が広がっていった[13]。

　学校選択制が導入された当初の東京都品川区の保護者は，次のように述べている。

　「1999（平成11）年9月末，ある子育て集会に参加した時，学校関係の方の基調報告で40小学校を10校ずつ四つのブロックにわけ，そこから自由に学校を選ぶことができるようになる事をきいた。公立小学校を選ぶってどういうことだろう。何故，選ぶ必要があるのだろうかと大きな戸惑いで一杯だった。私立なら，選ぶのは，当然だが，公立は，どこに行っても同じ教育が受けられるものだと思っていたので，公立小学校を選ぶことの意味がわからなかった。しかも小学校の入学の申し込み期限が，11月末で，選んで良いといわれても，何を基準に選んでいいかわからないし，各小学校の情報もない中での選択は，親の間で混乱を来していた」。[14]

　このような言葉から学校選択制の導入当初，保護者が教育の自由として選択の権利を有するとはいえ，情報のない中，自己責任で子どもの通う学校選択を判断することへの戸惑いがうかがえる。

　現在では，保護者の意向による選択を可能にしながらも，隣接校や一定地域をブロックとして選択させるなど，地方自治体により学校選択制には，さまざまな形態が出てきている。

　OECDのコンサルタントが取りまとめた報告書によれば，その後，さまざまな研究により，学校選択制は学校改善のための夢の解決法ではないことが明らかにされている。特定の環境下で教育のアウトカムに僅かな改善が見られたこともあるが，選択による期待にそぐわない結果が保護者のストレスになることや，選択をうまく活用した特定層がより多

13　山岸利次「学校選択制度の導入」太田和敬編『学校選択を考える』（現代のエスプリ）至文堂，（406）2001-05，pp.26-30.

14　西本貴子「親と学校選択」太田和敬編『学校選択を考える』（現代のエスプリ）至文堂，（406）2001-05，p.132.

くの可能性を有するなど，社会的格差を潜在的に拡大するなどの負の側面も指摘されている。学校選択制は，顧客である保護者に目を向けるという点で学校の意識改革には役立ったが，教員と保護者間のより生産的なパートナーシップの形成には寄与していないとの調査結果もある。現在では，各国の政策立案者は，公立学校におけるサービスの供給と，そのユーザーの声・関心・関与という，需要との間のより密接な関係性づくりを検討するようになってきている。たとえば，教室などでの教育活動への保護者の参加，生徒の宿題ノートなどを用いた定期的な保護者と教員双方向のコミュニケーションの促進，保護者教育などを含む心理・社会的支援に対する協働的な取り組みといったものである[15]。

　わが国でも，地域と学校が相互にパートナーとして連携・協働して行う「地域学校協働活動」が，推進されているが，このような取り組みも，他の国の動きの例に漏れず，保護者と学校との新たな関係性を求めるものであろう。

　さて，保護者の第三の選択は，小学校卒業時に生じる。子どもの進学先として，地域の中学校を選択せずに，公立・私立の中高一貫校を選択する保護者もいる。私立中学校数は，全国的には限定されているものの，東京では中学校数全体の 2 割を超え，大都市では一定数を占めていることがわかる。私立中学校を選択するかどうかは，東京都内にあっても居住地域や小学校ごとで異なる様相が推察されるが，東京のある地域では，約 4 割の小学校卒業生が私立中学校に進学する実態もある[16]。

15　Donald Hirsch, *What Works in Innovation in Education School: A Choice of Directions*, OECD/ CERI, Working Paper, May 2002, pp.34-36.

16　たとえば，東京都教育委員会「令和元年度学校基本統計速報」によれば，東京都の中学校総数804校のうち私立中学校は188校を占める。また，東京都教育委員会『平成30年度公立学校統計調査報告書【公立学校卒業者（平成29年度）の進路状況調査編】』によれば，東京都文京区では小学校卒業生の進学先として私立中学校が約 4 割を占めている。

（2）保護者の希望する中学校

それでは，小学生の子どもを持つ保護者は，どのような中学校に進学させたいと思っているのか。

国立教育政策研究所で実施した「小学生保護者の教育ニーズに関する調査」のうち，「中学校を自由に選べるとしたら次の学校のどれに一番入れたいと思いますか」との質問への自由記述の回答例から，具体的に見てみたい。ここでの選択肢は，①公立中学校，②公立中高一貫校，③国立大学附属中高一貫校，④一流大学進学・私立中高一貫校，⑤私立大学附属内部進学・私立中高一貫校，⑥情操教育・私立中高一貫校，の六つである。この六つの学校を教育費用と学力水準への期待，の二つの軸で類型化したのが**図8-3**である。

①公立中学校

　公立中学校との回答をした保護者に多く見られる回答は，自宅から

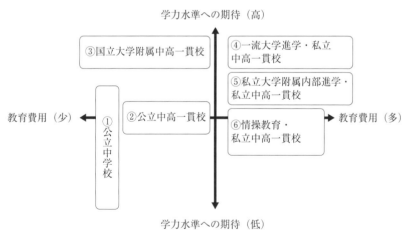

図8-3　保護者の希望する中学校の類型

出典：岩崎作成。

の地理的距離，「小学校の友だちがいるから」といった友だちとの関係，「普通で良い」といった価値観，あるいは授業料がかからないといった経済性である。より積極的には，「地元に根差したお友だちを多く得てほしいこと，選ばれた人たちだけでなく，世の中にはいろんな境遇，環境に育ち生きる人がいることを知っておいて欲しいから」「自分の故郷となる地域を大事にして欲しいと思うから」といった地域重視の考え方も多い。子どもの教育に特別の選択を行わずに公教育制度の枠組みにとどまる層である。

②公立中高一貫校

授業料が安く高校受験なしで充実した 6 年間を過ごせるとの言及が多く，経済性と受験のないことがメリットとして挙げられている。

③国立大学附属中高一貫校

「国立という安心感」「一流の教師陣が望めそう」「学力的に安心なのと，変な親の子と一緒になりそうにないから」など，生徒・保護者・教員，すべてが優秀な人材を有する教育環境や教育内容の質の高さが挙げられる。

④一流大学進学・私立中高一貫校

「教育方針がはっきりしている。目指すべき人間像が家庭の方針や理想と合っている学校に通わせたいから。また，知識は知恵の源泉となる。幅広い教養と専門的な知識を身につけることができると思われるから」など教育方針への期待，また「近隣の中学は，現在通っている小学校の生徒がほぼ全員そのまま進学する地域だが，その中学は，所謂『荒れた』学校であること，学力レベルが同市内で最低ランクであることから，公立中学への進学は，子どもにとって良いとは思えない。私立中学を考えるなら，将来を見据えて，国立大もしくは有名私立に進学実績のある中学に入れたいから」といった

回答から，社会の変化や子どもの将来に対してより有利な選択を意識していることがわかる。

⑤私立大学附属内部進学・私立中高一貫校

「教育理念，方針がしっかりしているし，三年ごとの受験で貴重な青春の時間を受験勉強で消耗せず，他の勉強や資格取得に時間が取れるし，スポーツや趣味にも打ち込めるから」といった回答から，好きなことに自由に打ち込ませたいという思いが見える。

⑥情操教育・私立中高一貫校

「これからの社会では，勉強ができることよりも，『生きる力』が必要とされると思う。そのためには強い心を育てる教育をしてくれる，特色のある学校を選びたい」といった，学力以外の特色ある教育を求めるもので，「バランスのとれた人間」「規律・礼儀」「個性」「心豊か」といった言葉が並ぶ[17]。

　中学校を主体的に選択するには，保護者が判断するための十分な情報が必要となる。積極的に地域を重視し，あえて公立中学校を選択する保護者もいるが，同時に，情報がなく選択を意識しない者は，地域の公立の中学校に進学させる。一方，子どもを地域の学校から「離脱」させることを希望する保護者は，情報を求め，塾などの教育産業を活用する。それゆえに経済格差が教育情報の格差となり，学校選択の格差につながる場合も生じる。地方にあっては，公立小中学校→県立名門高校→国立大学といった優秀な子どもが進学するルートが存在しているところもあろう。このような公的教育機関によるルートは，現実には，子どもの学業達成を指標とする家庭の教育力や経済状況を反映する場合もあるかもしれないが，子どもの努力に基づく学業達成で，進学の機会が獲得可能な道筋を保証するものでもあるのである。

17　国立教育政策研究所「小学生保護者の教育ニーズに関する調査報告書」2009, pp.45-46.

3. 教育格差の拡大

（1）教育支出の差

　文部科学省では，公立または私立の学校に子どもを通学させている保護者が学校教育や学校外活動のために年間に支出した経費の実態を捉えるために，『子供の学習費調査』を行っている。この調査によれば，幼稚園 3 歳から高等学校（全日制）第 3 学年までの15年間の学習費総額を単純合計すると，幼稚園からすべて公立の場合は約540万1,000円，幼稚園と高等学校が私立の場合は約792万2,000円，小学校だけが公立で，それ以外が私立の場合は約1,046万9,000円と算出されている[18]。ここで言う学習費総額とは，学校教育費，学校給食費，学校外活動費からなる。

　小学校だけが公立で，その後，中高一貫の私立学校に行く者は，幼稚園からすべて公立の者と比べ，約 2 倍の学習費総額となっている。

　この場合，高校までの15年間の学習費総額には，専門学校や大学の費用は入っておらず，高校卒業後進学する場合には，さらに高等教育機関における授業料等が加算されることになる。また，この学習費は子ども一人当たりであるため，きょうだいがいる場合には，子どもの数をかけ算した額を家庭が支出することとなる。これらを考えれば，家計に占める教育費は少ないものではなく，必然的に出生数にも影響を及ぼす要因となることが推察される。

（2）教育期待の差

　「教育ママ」という言葉は時代背景によって生まれたものであったが，いずれの時代にも，子どもの教育に熱心な保護者は存在する。

　良い学校に入るといった子どもの教育達成は，業績主義や能力主義と言われる個人の能力や努力により可能になるものとされてきた。このよ

18　文部科学省「調査結果の概要」平成28年度『子供の学習費調査』.

うな原理はメリトクラシー（知能（IQ）＋努力＝メリット（業績））[19]と呼ばれ，学歴による将来の社会的成功を保証するものであった。しかし，現在では，メリトクラシー以上に，保護者の社会的地位や意識に左右されることが指摘されている[20]。この原理は，ペアレントクラシー（親の富＋願望＝選択）と呼ばれ，保護者が有する情報，教育意識や願望と，経済的に当該教育費支出の可能性が，子どもの教育の選択肢の可能性を広げるとも言われている。

　また，近年，一般知能や学力などで表現される認知的側面とは同時に，意欲，粘り強さや協調性などの個人特性とされる非認知能力の側面に関心が寄せられている。しかし，このような非認知能力には，家庭の有する書籍，教育的環境，習慣などの文化資本や保護者の子育て実践が大きく影響すると言われる。読み聞かせ，美術館や博物館に行くこと，クラシック音楽を聴いたりコンサートに行くといったことは，保護者の階層に影響され，塾の利用などにも階層差が見られることが明らかにされている[21]。

　学ばせることを避ける保護者がいる一方で，社会的地位や階層を受け継がせるために子どもに手をかけ教育投資をする保護者もいる。保護者の子どもの教育に対する期待の差は，教育の私事化が進むことでますます拡大する懸念がある。保護者の意識や経済的状況の差が，直接・間接的に子どもの教育達成に大きな影響を及ぼすのである。

19　マイケル・ヤング（窪田鎮夫，山元卯一郎訳）『メリトクラシー』至誠堂，1982.

20　フィリップ・ブラウン「文化資本と社会的排除」A.H.ハルゼーほか編（住田正樹ほか訳）『教育社会学－第三のソリューション』九州大学出版会，2005，pp.615-616.

21　片岡栄美「教育格差とペアレントクラシー再考」日本教育社会学会編（稲垣恭子・内田良編）『教育社会学のフロンティア2　変容する社会と教育のゆくえ』岩波書店，2018，pp.220-221.

（3）公教育の持つ格差是正の意義

　これまでの議論を踏まえて，社会を鳥瞰して考えてみよう。教育の私
事化によって，実際に家庭間の格差は広がっているのだろうか。それと
も，そのような不安は杞憂であろうか。

　日本には，かつて日本の総人口にたとえて「一億総中流」という言葉
があった。そのような平等の意識が持たれる総中流社会では，教育，つ
まり学歴が人々を選抜し，人材を社会に配分する機能を果たしており，
それゆえ，より良い地位を目指し，「教育ママ」と呼ばれた保護者は，
学歴獲得のための競争に子どもを駆り立ててきたとされる。しかし，現
在，このような総中流社会は崩壊したと語られることも多い。

　盛山は，総中流社会の崩壊，あるいは不平等社会といった言葉が流布
する言説を振り返り，次のように整理している。

　「第一幕は平和で秩序ある人々の生活ではじまる。キーワードは，『平
等神話』，『一億総中流』そして『機会均等』。みんなが平等で中流に属
しており，努力すれば望んだ地位につけると誰もが信じている。第二幕
では，そこに外部から『市場社会』『グローバリズム』『競争社会』など
というイデオロギーが侵入してくる。秩序に亀裂が生じ，『リストラ』
や『失業』の一方で，少数の人びとは巨万の富を手にするようになる。
不平等や格差が拡大して，『勝ち組』と『負け組』へと分裂し，中流は
崩壊する。第三幕は，この混乱が新しい階級的な秩序の確立で収拾され
る。すなわち，エリートの子はエリートに，そして大多数の貧しい者の
子はやはり貧しくという，閉鎖的な『新階級社会』が世界を支配するよ
うになって幕は閉じるのである」[22]。盛山は，このような言説は十分な
証拠が欠如しており，真実ではなく物語とする。そして，人々がこのよ
うな物語に惹かれるのは，バブル崩壊により，年功序列と終身雇用とい
った慣行で守られていた大卒男子サラリーマンに競争原理が導入され，

22　盛山和夫「中流崩壊は『物語』にすぎない」『中央公論』2000年11月号（115巻
　　12号），2000，pp.84-85.

リストラなど中高年層の生活基盤が不安定になってきたことによるとしている[23]。この論考が書かれたのは2000年である。盛山の指摘は物語であったのか，あるいは，その後，現実のものとして露呈していったのだろうか。

　少なくとも，教育の場面に限って言えば，所得格差の拡大の中で，子どもの教育達成にも個人の努力では解決できないさまざまな格差が生じているように感じられる。特に，統計学で言うところの正規分布の真ん中の層，これが中流階級との意識があった層だとすれば，その層が近年，右と左に分かれ，二つの山を持つ分布へと二極分化してきているのではないだろうか。

　教育情報を持たない保護者がいる一方で，それを有する保護者もいる。後者にあっても，子どもに受けさせる教育について，どこまで適切な判断を下せるのか，合理的で，責任ある選択を行う能力は本当に備わっているのかという問いもある[24]。これまでは，公教育が基本的人権に基づく尊厳に満ちた教育を，あらゆる子どもに一定程度，保障してきた。教育が私事化していく中で，どのような家庭に生まれた子どもであっても，質の高い公教育制度や奨学金により，良質な教育を平等に享受できる機会が提供されること，そのことの持つ深い意義をあらためて問い直す時期が来ているように思われる。

23　22同書，pp.90-91.

24　小塩隆士『教育を経済学で考える』日本評論社，2003，pp.30-31.

参考文献

小塩隆士『教育を経済学で考える』日本評論社，2003
アルバート・ハーシュマン（矢野修一訳）『離脱・発言・忠誠－企業・組織・国家における衰退への反応』ミネルヴァ書房，2005
小山静子編著『論集　現代日本の教育史 4　子ども・家族と教育』日本図書センター，2013
日本教育社会学会編（稲垣恭子・内田良）『教育社会学のフロンティア 2　変容する社会と教育のゆくえ』岩波書店，2018
周燕飛『貧困専業主婦』新潮社，2019

【学習課題】

1．教育の私事化の分岐点になった臨時教育審議会以降の教育政策の特徴について論じてみよう。
2．自分が自由に中学校を選択できるとしたら，どのような中学校を選択するか，その理由を述べてみよう。
3．子どもに影響を与える，保護者の意識によってもたらされる教育格差の例を挙げてみよう。

9 | 学校・大学と労働市場との接合

岩永雅也

《目標＆ポイント》 現代における学校・大学と労働市場との接合について，雇用と学校教育の共通性と異質性という観点から考察する。日本は，長い間，学校教育と職業との間断のない接合を特徴とする社会とみられてきた。しかし，近年，そうした制度的特性にも大きな変化が生じている。また，そうした変化に応じて，大学を含む学校教育の側にも人材養成の機能に関して変化が生じている。その現状と課題について考える。
《キーワード》 人材，教育歴，学歴，トレーナビリティ，日本型雇用システム，非正規雇用，新規学卒労働市場，若年失業，キャリア教育

1. 学校教育と人材養成

（1）人材と職能

　「人材」は，「豊富な人材」「人材バンク」「人材派遣」などというように，現代社会の産業や職業を論ずる場合に最も広く使われる概念の一つであり，単に労働者とかサラリーマン，社員等々という表現とは異なり，企業や職場にとって役に立つ具体的能力や知識，技能を有する働き手といった印象で用いられることが多い。実際，人材という呼称は，特段の専門的な能力を前提としない「労働者」という呼称に対し，一定の職能を持った働き手を指し示す用語として，中央官庁が使い始めたことで普及したものである。つまり，一定の知識や技能を保有し，それを一定水準の労働生産性に反映させ得るような働き手（または潜在的にそうした

働き手になり得る者）が人材と呼ばれる，ということである。ここでは
そうした多層的な意味合いを込めて人材という表現を用いることにしよ
う。

　一般に，資本主義的な生産には，その進展とともに，カンやコツとい
った熟練した働き手に固有の複雑な技能を機械化や分業化の中で単純化
し，伝統的な職能（職務遂行能力）を解体していく傾向がある。つまり，
難しい職務が減少し，一般化された職務が増加していくということであ
る。しかし，一方で，一定の職務に就くための学歴水準は確実に上昇し
ている。以前は中卒で就いていたような職業に高卒が就き，高卒の職業
に大卒が就くといったことが頻繁に見られるのも事実である。そこにも
う一つの傾向を見ることができる。それは，職務が一般化，普遍化する
ことで，どの職務にも共通する汎用性のある「基礎的な能力」とされる
ものの総体が増加していくという傾向である。例えば，1990年代以前に
は一部の技術者のみに求められた能力であったコンピュータの操作は，
今日現業を含む多くの職種で必須の技能となっている。そうした技能水
準の上昇は，必然的に外国語や数学といった分野の一般的能力に対する
要求水準も上げる。現代社会は，個々に特殊な熟練はそれほど求めなく
なった一方で，汎用性のある一般的な能力については，要求水準を次第
に高めていくという傾向を持っている。そうした能力を涵養するために
利用されるのが，公教育としての学校教育である。

（2）学校の人材養成機能

　アメリカの教育社会学者であるホッパー（Hopper, E）は，学校教育
の中心的機能を大きく三つにまとめている[1]。それによると，公教育と
しての学校教育の主要な機能は，①社会化の機能，②選別の機能，そし
て③正当化の機能の三者である。まず，最初の社会化の機能について見

1　Hopper の *Social Mobility: A Study of Social Control and Insatiability* では，
　それら3つの機能が詳しく論じられている。

よう。社会化とは，簡潔に言うならば，その社会の自立した構成員として必要とされる知識，技能を身に付け，規範を内面化することである。学校で社会化される知識，技能は，国語や数学といった教科に関する教育内容が主であるが，それだけでなく，集団内部での他者との接し方，役割の演じ方といった非アカデミックなものも多く含まれている。社会化自体は，近代社会のみならず，あらゆる時代のあらゆる社会で必要不可欠な営為であるが，とりわけ近代社会における公教育には，産業社会に特有の規範の内面化が求められる。トフラー（Toffler, A）は，それを「時間励行」，「従順」，「機械的な反復」という三つの規範にまとめ，それらが工業社会（第二の波）における公教育において，いわば「裏のカリキュラム」として子どもたちに与えられるようになったのだと指摘している[2]。それらは，彼の見たアメリカ社会のみならず，機械制工業と官僚制的社会構造が発達した社会においては例外なく内面化が求められる規範であるといえる。近代社会における社会化とは，いわゆる教科内容だけでなく，非アカデミックなカリキュラムに属するそうした規範をも体系的に内面化させることであるといってよい。

　ついで，選別の機能について見よう。学校教育は子どもたちを社会化するだけではなく，その社会化達成の程度を個々に評価する。ここでいう評価とは，教授－学習過程における技法としての教育的評価[3]とは異質の，子どもたちを彼らの能力・実力に適合した階層的地位に振り分けるための評価である。学校は，その評価にしたがって子どもたちを進路別に振り分ける。最後の，正当化の機能は，前二者の機能とその結果と

2　A.トフラー／徳岡孝夫監訳『第三の波』1982　p.50。トフラーは，農業社会（第一の波）と対比しつつ，工業社会の公教育では「表のカリキュラム」により教科教育が行われ，「裏のカリキュラム」によりそれら三つの規範が社会化されていることを示した。

3　形成的評価とも言い，教育効果を測定したり，弱点を発見したりするための評価で，授業中の小テスト，添削課題などがその典型であり，基本的にその結果による地位（席次）の変動を伴わないものである。

を正当なものとして認定し，その正当性を一定の権威をもって明示することである。実は，三機能のうちでこれが最も重要であるとホッパーは指摘している。他の二つの機能は，場合によっては塾やウェブによる自宅学習，資格認定試験などによっても代替し得る。しかし，それらの個別的な社会化，選別には，その結果を社会的に意味があると人々が納得し，受け容れるだけの権威はない。基本的に，一つの安定した国民国家には，正しさを保証された価値と知識の体系が，一つだけ正当なものと認められているからである。こうしたシステムが齟齬なく成立するためには，国民的合意が不可欠であるが，とりわけ，戦後の日本における教育システムでは，国民的合意の障害となるような大衆とエリートとの間の不連続性，つまり大衆教育とエリート教育は不連続な別物，という状況を顕在化させないような，ある意味で非常に巧みな仕組みが成立してきたのである。

（3）教育歴（学歴）と雇用市場

　そのような公教育の機能を通じて，近代社会は学校教育を通じた人材の養成と配分を行ってきた。その配分の際に指標とされるのが教育歴（学歴）である。今日，多くの社会で，賃金等の雇用条件と教育歴との正の対応関係が見られる。つまり，教育歴の長い者は短い者より高い賃金，良好な雇用条件のもとで働いているということである。現代社会においては，そのことが至極当然のこととして受け入れられている。しかし，実はそれほど単純なことではない。というのも，そうした正の対応関係が成立するためには，①教育・訓練には人々の生産性を高める効果がある，②教育・訓練を受ける人々は費用対効果が最大になるような教育・訓練への合理的な投資行動をとる，③労働市場は完全に競争的であり情報の伝達も完全である，④人々は教育・訓練によって一定水準の技

能や知識を身につけた労働主体として市場に登場する，という4つの前提がすべて成立する必要があるからである。

　現実にはこうした前提が必ずしも常に成立するとは言えない。大卒者よりも有能な高卒者の存在が決して稀でなく，長い教育期間を経た者の生産性が必ず高くなるとは断言できないし，教育への投資が常に当事者によって費用対効果で合理的に検討されているとはいえない[4]。また，全ての労働市場が全ての人々に対して完全にオープンな状況にはなく，また，実際には就職してから身に付ける技能や知識の方がむしろ多いのが現実である。それでも事実として教育歴の長い人々の方が一般にそうでない人々より雇用条件が良好であることは，どのように説明できるのだろうか。

　その一つの解が「スクリーニング（ふるい分け）仮説」である。雇用交渉の場を単純化して想定してみよう。交渉に際し，求職者の側では自分の能力を最大限に，場合によっては実際以上に評価させようと努めるし，雇用する側では求職者の生産能力をできるだけ正確に見極めて，必要な能力の労働力をより少ないコストで雇用しようとする。しかし実際に働かせてみる前に雇用する側が求職者の能力を適正に把握することはそれほど容易ではない。特にその職が採用される側にとって初職である場合には，それが一層困難となる。求職者は自分の本当の能力をよく知っているのに対して，雇用する側には情報が不足しているからである。そうした不均衡な状況のもとでは，人材の採用が雇用する側にとって一種の「賭け」としての性格を帯びる。

　そこで雇用する側は，そうした賭けを少しでも有利に進め，失敗の危険を少しでも小さくするため，求職者に関する情報をできるだけ多く収集し，その実際の生産能力をより正確に知ろうと努めるのである。一般に雇用に際して用いられる情報には，①性別，年齢，出自などの属性，

4　例えば，「大学くらい行っておかなければ世間体が悪いので……」といった進学動機も少なくないだろう。また，進学希望者もその親等も，多くの場合，生涯賃金と学費等の正確な比較考量はしないと思われる。

②職歴，学歴，学業成績，保有する資格などの業績，③求人側が実施する各種テストの結果，④面談等によって得られた性格に関する情報，があるが，①および②の情報は，履歴書などに記載されることが多く，履歴情報として書類選考の主要な資料となる。一方，③および④に属する情報は履歴情報より実際の職務内容に近いために有用性が高いが，その収集に大きなコストと時間を要するという欠点を持つ。そこで雇用する側では，少数の雇用枠に対して数多くの求職者がいる場合は特に，採用候補者の生産能力の代理指標として属性や業績に関する情報を用い，予備的な選抜をすることが一般に行なわれる。時にはそうした代理指標によるふるい分けのみで選抜の全プロセスをほぼ完了してしまう。このようなプロセスで雇用の可否が決まるという考え方がスクリーニング仮説である。そこで用いられる属性や業績は，それを有する個人の生産能力の，いわば「シグナル」としての役割を果たすのであり，求人する側はそうした事前に知りうる指標によって，労働能力に関する情報の不均衡を回復しようとするのである。それをマーケット・シグナリングと呼ぶ。

　マーケット・シグナリングの基礎には，雇用する側による雇用差別の要因を説明する統計的差別理論がある。雇用する側が人種的・民族的マイノリティや女性，低学歴者などに十分な就業機会を提供せず，彼らの個人的な能力にかかわらず門前払いをする，というのはしばしば観察される対応であるが，それは，雇用する側がそうしたグループに属する人々の生産能力の平均値が標準より低位にあるということを，統計的，経験的に知って（あるいは知っているつもりになって）おり，それ故，好ましくない労働者が数多くいる可能性の高い属性グループからの採用を差し控えるからである。教育歴もそのようなグループ分けのためのシグナルの一つと見なされる。その結果，求職者は，さしあたり学んだ中身ではなくラベルとしての教育歴である学歴をアピールするようにな

る。つまり，マーケット・シグナリングを用いるスクリーニングの視点に立てば，学校の機能の中心は，人材の生産能力を高める教育・訓練ではなく，教育歴という指標による人材の差別化・階層化・ふるい分けにあるということになる。

　一方，「分断された労働市場」という考え方もある。今，ある企業の課長職に欠員が生じた場合を想定してみよう。そうした場合，多くの企業では，公開の市場（例えばハローワークや求人広告など）に求人を出し応募者の中から適材を選抜するといった方法は採らず，おそらくそのポストの下位の課長補佐や課長代理などから昇進させるだろう。現実には多くの場合（そしてその職が教育・訓練もしくは熟練を要するものであればあるほど），その空席は企業内部の昇進により埋められる。そのように内部からの昇進や異動で空席を埋めていく非競争的システムを，組織の内部に労働市場があるという意味で「内部労働市場」と呼ぶ。それに対し，求職者と求人者とが賃金や雇用条件を媒介として取り引きする公開の競争的労働市場は「外部労働市場」である。従来の日本では，外部労働市場が見られるのは，新規学卒採用，特殊な能力・知識・技能を持つ専門職の採用などの場合に限られ，一般には概ね内部労働市場で人材を補充するのが一般的であった。市場が内部と外部に分断されているのは，それらの間に情報の，あるいは人的な交流を妨げる年功制，終身雇用制などの慣習的，制度的な障壁があったからである。

　ところで，外部労働市場で随時人材が調達されるような形態よりも内部労働市場による人材供給が優勢な社会では，低賃金，低技能の初歩的な職務のみに入職口が限られる形態が主流となる。そこではある程度の年齢の経験者よりも，若く未熟な新規学卒者が雇用する側に選好される。というのも，内部労働市場と入職後の教育・訓練システムを効果的に機能させるためには，入職後の可働期間が長く，教育・訓練に対する柔軟

性も高い同質・同水準の人材が大量に確保できる新規学卒者集団のような供給源が，経済的に最も好ましいからである。

　しかし，新規学卒者の雇用には大きな問題がある。それは過去の職務遂行状況を参考にしつつ彼らの生産能力を査定できないことである。新規学卒者には，働かせてみなければわからない，という不確実性が常についてまわる。それでも雇用する側は，有能な人材を逃す危険，そしてそれ以上に内部労働市場の性格上，生産性の低い人材を長期にわたって抱え込む危険をできるだけ回避するため，彼らの訓練可能性（トレーナビリティ）の水準を事前に知ろうと努める。教育歴はそれを推測する上での最も重要な情報のひとつとなる。先述のシグナリング，スクリーニングでは，教育歴を単なるシグナルと見たのに対し，ここでの教育歴はトレーナビリティという，生産に関わる一種の資質を示す実質的な指標と見られている点で異なる。実際に，教育歴が単なる教育年数の長さだけではなく，出席状況，学内規範遵守の態度，基礎能力といった内容的な事項までをも含んだ情報として用いられることも多いが，そうした場合，雇用する側はそれをシグナルとしてではなくトレーナビリティの指標として用いていると考えられる。これが，例えば日本社会で学歴獲得競争を激しくさせる最大の要因であった。

2. 雇用と労働市場の変化

（1）日本型雇用システムのゆらぎ

　日本の企業等の雇用に関しては，第二次大戦後長い間，「三種の神器」という特性が指摘されてきた。すなわち，「終身雇用」，「年功制」そして「企業内組合」である。この三原則を基礎として，入職者の採用を最初期の若年者雇用に一元化し，その後は企業内教育（OJT あるいは Off-JT）[5]で知識や技能を身に付けさせつつ内部昇進で処遇していくと

いう雇用モデルが一般化していた。そこで見られた若年者の採用形態が，「新規学卒一括採用」という方式である。この採用システムは，雇用する企業の側からすると，一定の能力を持った一定量の人材を毎年採用することで雇用計画が立てやすくなり，柔軟性と可能性のある若年者を毎年安定して採用することができる点で，また雇用される側からすると，求職の失敗が回避され，卒業後も雇用先が見つからないという若年失業状態を回避できるという点で，それぞれ利点が評価されていたものである。

そこには，特定の企業の人事担当と，高校であれば進路指導の担当教員と，大学であれば就職課等のベテラン職員あるいは研究室の年かさの教員との間に経験的に作られた「実績関係」と呼ばれる組織的な対応関係ができていて，毎年そこから大きく外れない求人と求職の対応を念頭に進路指導がなされていたため，卒業と同時にほとんどの就職希望者が何らかの正規職員としての職に就く，という構造が成立していた。その結果，一種の組織化された新規学卒労働市場が暗黙のうちに形成されることになる。その実績関係を基にした構造が，日本の若年失業率の極端な低さの大きな要因となってきたのである。**図 9 − 1** にあるように，現在でもその傾向に大きな変化はない（ただし，非正規雇用やパートは失業者に含まれない）。

一方，1990年代初めのバブル崩壊期から，全体としての日本の雇用状況は大きく変化する。まず，好況が終焉し，長い不況が続く中で，企業は生き残りをかけて効率経営を目指し，新しい価値や商品，サービスを目指し始めた。経済のグローバル化の影響も大きかった。しかし，そのためには，未熟練の労働力を大量に採用してOJTで訓練するという，

5　OJT は On-the-Job Training で，職務を遂行しながらの訓練を指す。Off-JT は Off-the-Job Training で，職務を離れて行われる研修機関などでの訓練を指す。日本では，仕事をしながら先輩等から仕事のやり方などを学ぶことも OJT に含めるが，OECD ではそうした日常的な学びは informal learning として区別している。

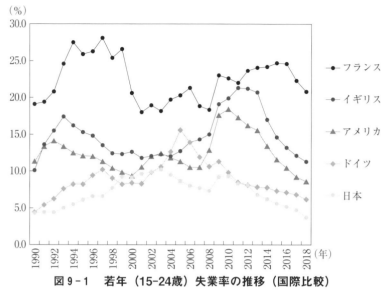

図 9 - 1　若年（15-24歳）失業率の推移（国際比較）
出典：OECD：*Youth Unemployment Indicator*（2019）より．

　旧来の方式を見直さざるを得なくなった。企業内教育にかけるだけの経済的余裕が失われてきたことも見直しの大きな要因となった。その結果，新規学卒者を大量に採用して，彼らの生産能力を高めながら定年まで長期にわたって雇用するという終身雇用の体制を取りにくくなる企業が増えたが，そうした企業では，採用と同時に多様な人材を多様な現場に投入せざるを得ないため，すでに一定の能力やスキルを身に付けた即戦力人材を求めるようになった。そうした変化により，終身雇用だけでなく，従来の年功賃金や年齢による昇進，といった旧来の日本的雇用と呼ばれた制度も見直されることとなった。いわゆる「能力主義」，「能力給」の採用もその一環である。
　一方で，常に変化する経済状況に対応するため，生産構造を柔軟化す

る必要も生じた。つまり，正規職員（常雇い）中心の小回りの利かない経営を避け，現業部分を中心に，経済状況に応じて人員の増減が可能な非正規職員・派遣労働者の大幅な採用が進むこととなったのである。また，社会全体の長寿化の進展に応じて雇用期間の延長，定年延長が図られたこともあり，新規学卒労働市場はますます量的な縮小を余儀なくされるようになったのである。

（2）人材の階層化

正規雇用と非正規雇用という労働者の階層化は，**図9-2**にあるように，過去30年強の間に進んできている。しかし，すべての労働市場が非正規化したわけではもちろんない。また，日本の企業全体が終身雇用，年功制，新規学卒一括採用を放棄したというわけでもない。

多くの企業では，職務の中心となるような幹部職員（候補も含む）は

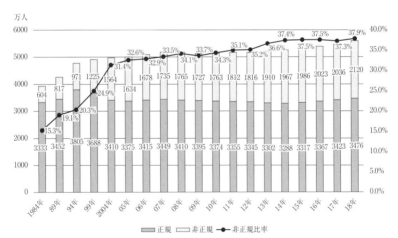

図9-2　正規雇用と非正規雇用労働者の推移

出典：厚生労働省「労働力調査」等より作成.

図9-3　今後の終身雇用のあり方
出典：労働政策研究・研修機構「企業の人事戦略と労働者の就業意識に関する調査」（2015年）より.

相変わらず「新規学卒一括採用→ OJT・Off-JT →年功制→終身雇用」というラインで雇用している。非正規化が進んでいるのは，そうした幹部職員とは異なる多様な業務カテゴリーの職員であり，その意味で人材の階層化，さらに言えば両極分化は確実に進んでいるということができるだろう。

　そうした状況は，企業に対する質問紙調査の結果からも読み取ることができる。企業サイドでは3割強が終身雇用維持と回答しているが，最も多い回答は4割の「部分的修正」であった（**図9-3**）。「部分的」の意味はもちろん多義的であるが，人材の階層化を反映した部分も大きいことは間違いのないところである。

　一方，労働者サイドでは半数以上が正規職員で終身雇用を望んでいることは言うまでもない。それは，賃金，雇用条件の差が著しいからである（正規－非正規の格差問題）。

　ごく最近では，景気の回復とともに生産が拡大し，少子化の進行と相まって，企業側が採用難の状況にある。正社員雇用の絶対数が増加傾向にあることも事実である。ただ，そのような状況下でも正規雇用でも非正規雇用でもない，ニート，フリーターという存在もある。決して問題

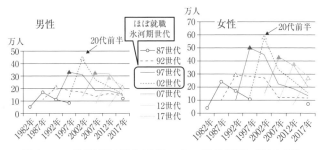

図9-4　世代別に見たフリーター数の推移（男女別）

注：フリーターは「年齢は15-34歳，在学しておらず，女性については未婚者に限定し，一
　　有業者については勤め先における呼称がパートまたはアルバイトである雇用者，二
　　現在無業である者については家事も通学もしておらずパート・アルバイトの仕事を希
　　望する者」としているが，ここでは年齢の上限を外して示している。

出典：労働政策研究・研修機構「若年者の就職状況・キャリア・職業能力開発の現状③―
　　　平成29年版『就業構造基本調査』より―」（2019年）より．

が解消したわけではない（**図9-4**）。

3.　キャリア教育の展開

（1）高等学校におけるキャリア教育

　キャリア教育は，学校教育と職業という位相の異なる二つの場の円滑
な接続のために提起された概念である。政府の公式文書での初出は1999
年の中央教育審議会答申である。その中ではキャリア教育について，「望
ましい職業観・勤労観及び職業に関する知識や技能を身に付けさせると
ともに自己の個性を理解し，主体的に進路を選択する能力・態度を育て
る教育」と定義されている。キャリア教育以前の進路指導が「進路決定
の指導」，「適性と職業・職種との適合性に関する指導」中心だったのに
比べ，明らかに広範な内容になっていることがわかる。ここでは，キャ
リア教育について，高等学校と大学に分けてその概要を見ていくことに

しよう。

　まず高等学校である。実施体制に関して文科省の調査結果を見ると，キャリア教育の年間計画策定，担当教員配置などはほとんどの学校で実現しているといえる（**表 9 - 1**）。しかし担当者はほとんどが教科指導と兼務であり，キャリア教育に関する校内研修の未受講者も少なくない。学校のインターンシップは高い比率で実施されているものの，生徒の参加率は低い。全体を通じた体系的なキャリア教育実施のための全学教員の理解と取り組みは未だ不十分であるといえる。大学のオープンキャンパスへの参加，三者面談などの進路相談等が多くを占め，大学進学指導に重点を置いた「出口指導」が中心となっているのが現状である。出口指導でなく，将来を展望し，生き方・働き方を考え行動する力をつける本来のキャリア教育の体系的実施，そして，将来起こりうる人生上の諸リスク対応や労働，社会問題についての教育の実施が不十分だと判断されている。

　特に 7 割の生徒が学んでいる普通科でのキャリア教育の実施が大きな

表 9 - 1　キャリア教育に関する学習の機会や内容等の実施状況

上級学校訪問・見学・体験入学等	93.8%
自分を理解する学習	92.4%
生徒のキャリア発達を意識した HR 活動	91.1%
将来設計全般に関する学習	88.8%
職場訪問・見学・職業研究等	85.6%
諸リスクへの対応に関する学習	50.7%
社会・経済・産業の構造的変化に関する講演等	29.4%

出典　国立教育政策研究所「キャリア教育・進路指導に関する総合的実態
　　　調査　第一次，第二次報告書」（2013年）公立高校，1,000校対象

142

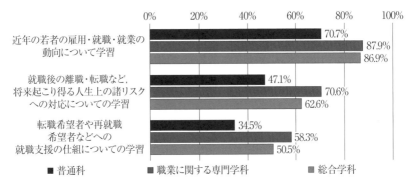

図 9-5　職業生活上の困難を乗り越えるための知識を学んだ割合（高等学校時代の学科別）

出典：国立教育政策研究所　生徒指導・進路指導研究センター「再分析から見えるキャリア教育の可能性―将来のリスク対応や学習意欲，インターンシップ等を例として―」（2018年）

課題である。高校全体では，現代社会の課題や労働法教育，将来のリスクに関する学習などは全体として低調である（**表 9-1**）が，一方，人生での諸リスク対応の問題点について，国立教育政策研究所が改めて調査結果を再分析したものを見ると，諸リスクへの対応，再就職などの支援の仕組み等，社会に出てから必要な知識等の面でキャリア教育での対応が，特に普通科の生徒で不足している，という状況がよくわかる（**図 9-5**）。

（2）大学におけるキャリア教育

　日本では，1990年代以降，大学を取り巻く社会環境の変化と大学の大衆化という大きな変動が進行している。大学大衆化それ自体はすでに1970〜80年代から進行し始めていた。しかし，90年代以降はそうした状況が普遍化しいっそう顕著になっている。その具体的なあらわれの第一

は，進学率の上昇である。今や同一年齢層の40％以上が四年制大学へ進学し，約30％が短大や専修学校専門課程等へ進学している。高等教育システムの整備が最も進んでいると考えられているアメリカでは，長期でアカデミックなコースと短期で職業的なコースを合わせても約60％であることから，わが国の高等教育進学率は世界の最高水準にあるといって間違いない。こうした事態は，入学してくる学生の基礎的能力や学習意欲といったもののあり方（つまり傾向的な低下）にも大きく関わってくる。また，大学の教育内容と学問的水準（同）にも大きな影響を与えずにはおかない。

　そのような環境のもとで，多くの大学では，教育の一環としての職業教育，キャリア開発教育といったものの見直しと改革が実施されている。そこでは，「自己実現ステップアップ」や「実社会体験」，「産学連携教育」そして「インターンシップ」など，キャリア教育中心のカリキュラム内容が展開されている。それらは従来の大学教育の範疇には含まれなかったものである。あるいは，提供されたとしても，卒業要件に関わる単位を取得できる授業としては提供されなかったものである。このような授業内容が通常の単位科目とされるようになったこと自体，大学の新たな社会的位置や機能への適応であるということができる。学生のキャリア意識の高まりへの効果も高いことが見て取れる。

　また，正規の講義と学習支援，キャリアアップ教育それぞれの境界に位置するようなサービスも積極的に行われるようになってきている。リメディアルコース（高校レベルの学び直しコース）や英会話コース等がそれである。非単位科目であることが多いが，それでも大学側の予想を上回る人気コースになるなど，盛況を呈している。

　こうした種々の取り組みを一言でまとめるならば，「大学教育の職業指向へのシフト」と表現することができるだろう。こうした指向性は，

1990年以前はもっぱら専修学校（専門学校）が保持していたものである。さらに最近では，そこでいう職業そのものも，公的資格を伴い独立した専門職指向性の強いものから被雇用指向性の強いものへと移りつつあるのが現状である。

参考文献

天野郁夫『教育と選抜の社会史』ちくま文庫，2006

Clark, B.R., "The 'Cooling-Out' Function in Higher Education" *American Journal of Sociology*, vol. 65, No. 6, pp. 569-576, 1960

ロナルド・フィリップ・ドーア／松居弘道訳『学歴社会―新しい文明病―』岩波書店，1978

Hopper, E, *Social Mobility: A Study of Social Control and Insatiability*, Basil Blackwell, 1981

岩永雅也「労働市場と人的資本」白倉幸男編『現代の社会システム』学術図書出版社，1991

苅谷剛彦『大衆教育社会のゆくえ』中央公論社，1995

臨時教育審議会『教育改革に関する答申』大蔵省印刷局，1988

『論座〈特集　学力崩壊〉』朝日新聞社，2005年5月

竹内洋『競争の社会学：学歴と昇進』世界思想社，1981

A.トフラー／徳岡孝夫監訳『第三の波』中央公論社，1982

【学習課題】

1．日本の学校と労働市場が関わる人材配分機能のあり方は，今日の経済の中でどのように変化しつつあるか，現在の状況を具体的に踏まえつつ論じてみよう。

2．日本型雇用システムは，なぜどのように変質しているのだろうか。その変質の状況と背景，要因について考えてみよう。

3．日本の高等学校あるいは大学における職業教育とキャリア教育の異同について具体的に考えてみよう。

10 | グローバル化と教育
－移動・普遍化・葛藤

苑復傑

《**目標＆ポイント**》 現代社会の教育は，そのグローバル化との関連を除いて語ることができない。初等・中等，そして高等教育のいずれについてみてもグローバル化は大きな影響を与えており，そこからさまざまなイッシューが生じている。それらを教育段階別に列挙することも可能だが，本章ではむしろ，グローバル化という現象を，移動，普遍化，葛藤という三つの側面でとらえ，その視点からグローバル化が教育に与える影響とそのダイナミズムを考える。

《**キーワード**》 グローバル化，留学，労働力，移民，ポピュリズム，国際化，国際理解教育，PISA，国際バカロレア，文化的・経済的ヘゲモニー

1. 国際的移動と教育

　グローバル化の第一の側面は国境を越えた移動の拡大である。交通手段や情報技術によってヒト，モノ，カネ，情報が国際的に迅速かつ大量に移動・伝播するようになった。それが教育に大きな影響をあたえる。

（1）外国留学
　移動が教育においてもっとも顕著に現れているのが，高等教育における国際的な学生の移動，外国留学の拡大である。世界的な高等教育の大衆化，ユニバーサル化に伴い，国境を超えた高等教育機会の市場は大きく拡大している。OECD の統計によれば，世界各国に滞在する外国人

学生数は，1970年代から上昇してきたが，とくに1970年代後半にその勢いは加速し，1975年に80万人であった各国に在学する外国人学生数は，1985年に110万人，1995年には170万人に達した。さらにこの勢いは21世紀に加速し，2000年に210万人，2010年には410万人，2015年には460万人に達している。2000年以降の15年間に，まさに2倍以上の増加を示したことになる（**図10-1**）。また全世界の高等教育機関に在学する学生数と比べれば，留学生が占める比率は1990年代半ばの1％台から2010年の2.2％に達している（Digest of Education Statistics, 2013）。国境を超えた大学生の移動は，まさに大衆化の時代に入ろうとしているのである。

　こうした国際的な留学生の拡大は，（1）留学需要の増大，（2）大学

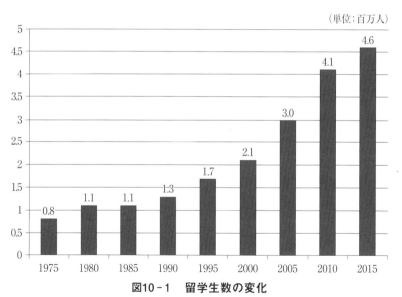

図10-1　留学生数の変化

出典：OECD（2013, 2014, 2017）, Education at a Glance: OECD Indicators. Box C4.2

側の留学生の受け入れ（教育機会の供給）の拡大と市場化，（３）政府の支援政策，（４）地域的な留学生交流のプラットフォームの造成，の四つの原因から生じた。

歴史的にみれば，留学は学歴エリートや富裕層家庭の子弟，または政府の若い官僚など社会的に恵まれた階層が享受するものであった。また留学の流れは先進国の大学に学生が移動するという流れであった。しかし1970年代以降，工業化がもたらした経済発展による一般家庭の所得の上昇及び，大学教育の大衆化，ユニバーサル化によって，留学は，幅広い階層の家計にとっての現実的な選択肢となった。現在，世界で展開されている学生の国際移動の多くは，留学する学生の需要と，家計の経済的な負担によって支えられている。

外国への留学は，大学卒業後の就職に有利な条件となる。外国の大学に留学することによって，留学先の国での就職機会を得ることが一つの目的となる。また自国の大学入試では国内での著名大学への入学が難しい学生が，外国の大学を卒業することによって，帰国後によりよい就職機会を求めることもある。また留学による語学習得も就職のメリットとなる。就職の機会は国内外で求めることにチャンスが生じる。

上記のような需要と供給の要因のほかに，政府による積極的な留学の促進，誘致政策も広くみられるようになった。東アジアにおける日本，韓国，中国における主要な政策をみても，とくに21世紀に入ってから，様々な政策がとられていることがわかる（苑，2016）。

自国の人材や労働力の不足について，留学生をもって補填するという労働力政策はすでに各国で打ち出されている。日本ではIT人材やビジネス，サービス業，老人介護，農業従事者など，幅広い分野で外国人を雇用している。また上述したように，戦後のアメリカが世界から人材を集めて，先端的研究開発を進め，それがアメリカの高等教育と研究レベ

ルを高い水準に保持するために，大きく貢献してきた。経済のグローバル化の中で，国際企業が高い能力をもつ人材が必要となり，異文化の経験をもつ，バイリンガルの言語を話す若い留学生の労働力は絶好な人材となる。

（2）外国人労働者，移民・難民と公教育

　今一つの側面は，外国人労働者の受け入れ，移民・難民の増加などに伴う，その子供の公教育への受け入れである。これは特に初等・中等教育の段階で，大きな課題を生じさせることになる。こうした外国人労働者，移民・難民の滞在が長期化すれば当然その子供をどのように国民教育システムの中に受け入れるかが問題になる。異なる言語，文化的背景をもつ子供をどのように対面するかが課題である。

　こうした問題に最も早く取り組んだのは多民族国家のアメリカであった。19世紀になってヨーロッパ諸国からの移民の波がアメリカに押し寄せ，移民を社会に同化させ，有能な労働力にしていく課題があったことが，アメリカの特に都市部におけるハイスクールの形成の核になったことが指摘されている。しかし戦後，とくに1960年代からはヒスパニック系の人口が急速に増加した。ここではアメリカ社会への同化は必ずしも自明の課題ではなくなった。スペイン語，あるいは多文化を尊重して多元的な社会を作ることと，同化の課題をどう並立させるのかが課題になった。さらに1980年代からは非合法移民に対する教育機会の供与が問題となっている。

　ヨーロッパ諸国においても，旧植民地から流入した人口の，文化的な同化は公教育の重要な課題であった。さらに中東，アフリカからの難民の増加に公教育がどのように対処するかが課題となっている。近代的な公教育の発祥の地であるフランスで，イスラム教徒のスカーフを公立学

校で容認するべきか否かが争われる，という事態がそうした課題の困難さを端的に表している。

　こうした事態に比べれば，日本は外国人労働者の移入，移民の受け入れにきわめて制限的であった。そのため，中国残留孤児の帰国者家族，ブラジルの日系人受け入れなど限られた範囲での対処にとどまってきた。しかし日本はすでに高齢少子化社会に入り，65歳以上の高齢者人口は2015年時点で全人口の25％以上を占めており，2020年2月は3598万人・総人口の28.6％に達した（総務省統計局，2020）。外国人労働者の受け入れ拡大は不可避となり，また難民の受け入れも国際的な義務として拡大せざるを得ないかもしれない。公教育への外国籍児童の受け入れは近い将来に大きな課題となるものと考えられる。

2. 普遍化

　グローバル化による人的移動，情報の流通は，価値観，行動様式などが国民国家をこえてシンクロナイズし，新しい価値の普遍化をもたらす。

（1）教養としての外国経験・国際理解教育

　上述のように，高等教育段階での留学には，雇用機会や国際的な企業活動の拡大など，経済的な要因が大きな役割を果たしていることは疑いない。しかし同時に，外国での異文化経験それ自体が学生の将来にとって大きな意味をもっていることが認められてきたことも重要である。

　発展途上国の経済社会の発展においては，先進国の先進的な科学・技術，学術・学問の導入が大きな意味をもつ。留学生の送り出しはそこで大きな役割を果たす。また留学生の受け入れは自国の社会や，文化思想，価値観の理解の増進に役立つことはいうまでもない。またそれは広い意

味での安全保障，世界平和にも結びつく。大学在学中に，他の社会，大学で生活，学習することは，大学教育課程の一環として大きなメリットがある。外国での学習経験は若者の主体性と独立精神の養成と多文化への接触による寛容性，多様性の生成に大いに役に立つ。こうした留学には，大学間の教育交流協定などが重要な役割を果たす。こうした形態からの一年程度の短期留学が，とくに先進諸国で急速に拡大し，これが上記の国際的な留学生拡大の大きな要因となってきた。外国での経験が一つの教養教育としての価値をもつことが認識されるようになったといってもよい。

　初等中等教育においては，教育における多文化共生，国際理解教育の導入，英語の教育，社会におけるインクルーシブ教育，ダイバーシティの重視といった，より普遍的な価値を重視する志向が強化されている。

　すでに1970年代からユネスコは『国際理解，国際協力及び国際平和のための教育並びに人権及び基本的自由についての教育に関する勧告(1974)』を出していた。日本においてこれが具体化したのは1980年代である。1988年の学習指導要領の改訂で，日本の文化や伝統の尊重と国際理解の推進を改訂の基本方針の一つとして掲げ，各学校段階を通じて，国際理解教育の充実を図るよう各教科等の内容の改善を行った。さらに2002年の小中・高等学校の学習指導要領の第1章総則では総合的な学習時間において「国際理解，情報，環境，福祉，健康などの横断的・総合的な課題，児童の興味・関心にもとづく課題，地域や学校の特色に応じた課題などについて，学校の実態に応じた学習活動を行うものとする」としている。

（2）国際学力調査・国際バカロレア

　他方でグローバル化は，学校教育における「学力」観を国際的に普遍

化し，国際的な新しい標準を形作りつつある。

　それを典型的に表すのが OECD が実施している PISA（Programme for International Student Assessment）学力調査である。これは標準化されたテストで世界各国の児童・生徒の学力を計測し，それを国別に公開するものである。その中での地位が各国の教育制度のパフォーマンスを示すものとして取り上げられ，大きな影響力を持つに至っていることは言うまでもない。また類似の試みとして，国際教育到達度評価学会（International Association for the Evaluation of Educational Achievement ＝ IEA）の国際数学・理科教育動向調査（TIMSS ＝ Trends in International Mathematics and Science Study）がある。

　しかしこれらのテストの意味はそれだけにとどまるものではない。特に PISA は既存の教科にこだわらず，むしろ言語能力，数的能力などのより汎用的な学力を測定することを意図している。その背後には1990年代から強調されてきた，汎用能力（key competency）への着目がある。そしてこれは学校での学習成果と，職業における能力を結びつける発想とつながっている。またこうした能力を測定するために，長文やデータを読んで，多角的にそれについて答えさせる設問形式や，項目応答理論（Item Response Theory; Item Latent Theory）に基づく評価方法などを伴った。こうした学力観，テスト方法は日本の学力調査，高大接続改革における議論にも影響を与えた。

　国際バカロレア（IB：International Baccalaureate）も同様な視点から位置づけることができる。これは主に高校段階の教育課程，実践を一定の基準に基づいて認定するプログラムであって，スイスの国際バカロレア機構（IBO）が始めたものであるが，2019年に世界の150以上の国と地域で，約5000校の IB 校が認定されている。日本でも文部科学省が推進する「IB 教育推進コンソーシアム」の下に，認定候補校をいれれ

ば150校が活動している。ここで重要なのは国際バカロレアは，高校卒業資格を国際的に認定するというだけのものではない点である。その認定をうけるには，国際理解，主体的な学習など，高校教育においてグローバルな人材像，新しい学力観，授業方法を普及させるという役割がむしろ重視されている。

（3）大学ランキング

　国際的に一元化した尺度を教育にもちこむ，もう一つの例は高等教育における「大学ランキング」である。

　もともと大学ランキングは受験生が大学を選択するために利用する大学情報が発展したものであったが，それが2000年代に入って国際的な「大学ランキング」を発生させることになった。代表的なものとしてタイムス・高等教育世界大学ランキング（Times Higher Education World University Rankings），上海交通大学の世界大学学術ランキング（Academic Ranking of World Universities）がある。これらは世界の代表的な大学を，教育・研究などの側面で評価し，これをスコア化して，高い得点のものから順位を示す，という形態をとる。

　これらはもはや大学受験生の大学選択の基礎というよりは，一国の知的水準の地位を端的に国際的な視野で示す指標としてとらえられ，そのゆえに注目されるようになっている。これに対しては，一元的な尺度で計測すること自体が大学の多面性からみて不適当であることが常に指摘されてきた。またとくにタイムス・高等教育世界大学ランキングの評価基準は「国際化」のウェイトが高く，特に英語圏の国の大学に有利であることも批判されている。

　しかし大学ランキングはきわめて端的に訴えるものを持っており，それが高等教育政策にも大きな影響を与えるようになっている。日本にお

いて大学に対する政府補助金の審査基準にもタイムス・高等教育世界大学ランキングでの地位が含められることがある。個々の大学にとってもこのランキングで優位をしめることが経営上の課題になる。

3. 葛藤

　以上に述べたようなグローバル化の趨勢は21世紀になって特に大きな勢いをもってきたが，他方でその過程は大きな葛藤を内包していることも事実である。

（1）文化的・経済的ヘゲモニー

　たとえば冒頭にあげた国際的な留学生移動も，よくみれば単に学生の移動が拡大しただけでなく，その移動にも一つの構造があり，それが国際的な文化的威信，あるいは経済秩序と密接な関係を持っている。
　次に OECD 統計における各国間の学生移動マトリクスから，学生移動の総数をいくつかのパターンにわけて推計した結果を示した（**図10－2**）。学生移動のシェアのもっとも大きいのは英語圏への流入であり，

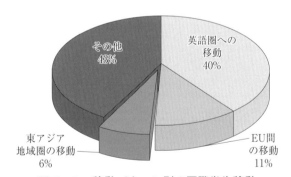

図10－2　移動パターン別の国際学生移動
出典：OECD Education at a Glance 2014から集計

他方で EU の域内移動が11％ある。これに対して，東アジアにおける域内移動はわずか６％しか占めていない。

　これは英語圏の大学が国際的な留学生市場にきわめて大きな集客力を持っていることを示している。それによって英語圏の大学は1980年代から財政的に大きな困難に直面していたにも関わらず，それを外国留学生が支払う授業料で補填することができた。アメリカを例としてみると，2004年度に留学生がもたらす経済的利益は133億ドル（約１兆３千億円）になり，その10年後の2014年では270億ドル（約２兆６千億円）の２倍以上となった（Open doors 2014）。オーストラリアにおける外国人留学生からの収入は，鉱産物輸出などの輸出項目の３番目に位置するという。またアメリカ，イギリス，オーストラリアなどは WTO のサービス貿易協定（GATS = General Agreement on Trade and Service）の枠組みを用いて，高等教育サービスの自由化を推進してきた。

　しかしより広い視野でみれば，国際留学生市場での独占的地位は，前述の国際ランキングと相まって英米を中心とする英語圏諸国の教育・科学技術・文化面の威信の高さ，そしてそれを頂点とする知的活動での序列構造が生じていることを意味する。さらに広い視野から見れば，冷戦構造の崩壊のあとに各国で新自由主義的志向が強まったことと呼応して，自由貿易への動きが強まったが，その中でアメリカは情報技術，国際金融などにおいて優位性を保ち，むしろ権益を拡大したのであり，その一環が高等教育面での絶対的優位性の確保であったということもできる。こうした意味で，国際的ヘゲモニーの一部をなしていたともいえる。

　こうした状況に，英語圏以外の各国は多様な戦略をとっている。EUは域内での留学プログラムである ERASMS 計画によって独自の存在感を保つことができた。それに対して日本を含む東アジア各国はこれに類する枠組みをもっていない。各国の留学生政策を比較すると（**表10－**

表10-1　東アジア三国の留学生政策

	日本	韓国	中国
政策	●「留学生30万人計画(2008)」－2020年に達成 ●「スーパーグローバル大学創成支援事業2014」国際化センターの形成 ●「トビタテ！留学Japan（2014)」－2020年まで12万人大学生海外派遣計画	●「Study Korea Project(2004)」－2010年までに外国人留学生を5万人に ●「Study Korea Project2012」－2020までに留学生を20万人の受け入れ	●「国家建設高水平大学公派研究生項目2007」－国費留学生派遣，年間5000人計画 ●「留学中国計画2010」－2020年までに高等教育段階で留学生50万人の受け入れ
意図	●国際的なプレゼンスを高める ●国際経験の拡大 ●大学の組織改革	●国際化 ●国際的プレゼンスを高める	●先端的な科学技術，学術学問の吸収 ●国際的プレゼンスを高める
背景	●グローバル社会への人材養成 ●若年労働力の不足	●産業成長のための労働力戦略のニーズ	●先進国への短期間でのキャッチアップ ●国際社会における影響力の形成

1），それぞれ独自の留学生拡大政策をとっている。この中で日本も2008年から「留学生30万人政策」，「スーパーグローバル大学創成政策2014」，「トビタテ！留学Japan2014」等の補助金によって，留学生の受け入れ，送り出しの政策を始めたが，それはむしろ国内向けの政策といえる。同様の政策は韓国についてもみることができる。

　これに対して中国の留学生政策はきわめて戦略的かつ果敢であった。1980年代以降の改革・開放政策の延長として，とくにアメリカの大学に多数の留学生を送り出していたが，さらに先端的な科学技術を獲得することを目的として，2007年に主要大学から年間5000人の大学院学生を選

抜し，留学生を国費で送りだすプログラムを実施した。同時に外国に在留している中国人研究者を破格の待遇で呼び戻すプログラム「千人計画」，「青年千人計画」なども開始された。こうした政策が奏功して中国の研究水準は急速に上昇し，国際学術雑誌の掲載論文数では2010年代には日本を凌駕するに至っている。いわばアメリカを頂点とする秩序に積極的に組み込まれることによって，研究・教育上の水準を一気に上昇させることに成功したといえる。

　他方で中国は2010年代には，独自の文化的影響力を形成する政策をも進めている。2010年には2020年までに50万人の外国人留学生を受ける計画を発表し，特にアフリカ諸国からの留学生の大きな受け入れ先となった。また2004年に創設され，2018年末に世界154の国と地域の大学などに設置された548校の「孔子学院」は中国文化の普及の拠点となり，また小中学校で孔子学堂を1193校作り，中国語教育の推進を進めるなどの活動も行っている。孔子学院と孔子学堂で登録されている学習者は210万人，専任と兼任を合わせて教員数が4.6万人に達しているという。

　しかし2010年代後半になって中国の経済的地位が急速に上昇すると，アメリカ政府は警戒感を強め，中国からの留学生の受け入れにも消極的な姿勢を示すようになってきた。2010年代終わりには中国からの留学生数は停滞ないし減少の傾向を示すようになっていることはそのような変化を反映している。アメリカを中心とする留学構造をアメリカ自身が修正せざるを得なくなっているのである。

（2）英語の支配言語化

　上述の英語圏の国際社会での優位性は，各国の教育における英語教育の地位の問題ともかかわる。グローバル化の中では，各国における国際的な経済活動の役割が拡大し，しかもそこで使われる言語の多くが英語

になっていることから，英語を使う能力の役割が重要になっている。しかも先端的な教育を受けるためにも英語の重要性が大きくなっていることはいうまでもない。

このために非英語圏の各国において，学校教育における英語教育の教科化が政策的に推進されるようになった。アジアでは1997年には韓国，2001年には中国で段階的に小学校での英語教育の必修化を進めることにした。日本の動きは微温的であったが，2004年に文部科学省は「『英語が使える日本人』の育成のための行動計画」を策定し，総合的な学習時間を使った「英語活動」が普及した。さらに2020年度からは小学校5，6年で英語を正規の授業科目として教科化し，また3，4年で英語活動を行うことになった。また大学入学試験においても英語の運用能力を重視する傾向も強まっている。日本における大学共通入試改革の一環として，英語能力を4技能（読み，書き，聞き取り，会話）に導入することが打ち出されたが，その実施方法をめぐって社会的な問題となり，入試改革自体が延期される，という事態も生じた。

こうした政策については批判も少なくない。一つには早期から英語の教育を行うことが実際に効果的か否か，という点がある。また会話能力を強調するような授業を実施する人的，施設的な基盤が十分でないということもある。大学共通入試への英語4技能の導入にかかわる騒動もそうした問題を反映している。しかしより重要なのは，これからの社会・経済活動においては，国語の読み書き，数的能力など，基礎的で汎用的な学力がきわめて十分な役割を果たすといわれている。それが十分でない児童・生徒が少なくない現状において，外国語の教育のウェイトを高くすることが正しいか否かという点であろう。しかも外国語の習得は家庭の条件の影響が大きいとされるのと同時に，将来，実際に外国語を用いる機会があるのはむしろ高所得家庭の子供である可能性が大きい。学

力の格差，公教育の内部にさらに階級性を持ち込む可能性があるともいえる。

　さらに一般的にいえば，グローバル化といいながら，実態としては国際的な多様性をとりいれるのではなく，むしろ一元的な英語を中心とする，英語支配の文化圏への取り込みが生じているのではないか，という危惧も生じる。

（3）ポピュリズムの反動

　以上に述べたグローバル化に伴って生じる教育の葛藤は，2010年代から世界的に大きな流れとなってきた。アメリカのトランプ政権のアメリカファースト（アメリカ優先）の方針やイギリスの EU 離脱に象徴されるように，一般にポピュリズムといわれる政治志向の中で教育の葛藤がさらに顕在化する可能性がある。

　振り返ってみれば1980年代から大きく加速化したグローバリズムの潮流は，東西冷戦構造の崩壊，各国における新自由主義的政策，そして自由貿易，EU 圏の形成といった一連の動きにねざすものであった。国際的な貿易圏に世界各国が巻き込まれてその規模が増大する中で，先進国とくにアメリカが国際的な金融活動，情報技術やバイオテクノロジーの根幹を握る。この構造の中で先進各国は一定の利益を享受することができた。その国内でみれば，とくに高学歴，高所得の階層の利益を拡大し，またその層を拡大することになった。このような構造の中で国際的な留学が拡大したのは前述のとおりである。

　しかしこうした体制がもたらす恩恵は先進各国の既存のブルーカラー労働者あるいはサービス業の単純労働者には及ばない。むしろ中国など後進・中進国の製造業との競争によってその地位は不安定化し，賃金も停滞してきた。また移民・難民は単純サービス業の雇用機会を奪う。政

治的なポピュリズムは多様な側面をもつが，少なくともこうした経済要因がその大きな支持基盤になっていることは疑いない。

このような立場からは，たとえば外国人留学生を自国の負担によって（実際には必ずしもそうでないにしても）教育することには大きな抵抗がある。重要な知的資産が流出する可能性が生じるとすればなおそうであろう。また自分たちの従来の生活水準が，外国由来の様々な要因によって浸食されているとすれば，普遍的な人類の価値観，平等・共生などといった理念は大きな意味を持ちえないだろう。実際，前掲の**図10-1**を注意深くみれば，2010年代には，国際的な留学生移動の量に頭打ちの傾向が見られ始めている。

ポピュリズム的な志向が各国の教育に関する考え方，政策にどのような影響を与えるかはまだ明確ではないが，少なくとも従来のようなグローバル化の方向での潮流が重要な挑戦をうけることは間違いないように思われる。

結論

1990年代からのグローバル化の潮流は，世界各国の教育を巻き込み，日本の教育にも，初等・中等教育，そして高等教育の各段階において重要な影響を与えた。それは単に留学生などヒトの移動にかかわるものだけでなく，学校教育が身に着けさせるべき社会的な価値，さらには学力・能力のとらえ方，その評価方法，といったきわめて広い範囲にわたる根幹的なものであった。他方でそれが様々な矛盾，軋轢を含むものであったことも事実である。さらに2010年代から明確となってきた政治的なポピュリズムの趨勢は，こうしたグローバル化の趨勢を大きく転換させる可能性をもっている。ただしグローバル化のなかで生じた，あるいは生じつつある教育の変化はもはや可逆的なものではない。それをいか

に捉えなおし，より公正で効果的な教育を形成し，国際社会の中で求められる役割をはたしていくかが問われている。

参考文献

岩崎久美子編著『国際バカロレアの挑戦：グローバル時代の世界標準プログラム』，明石書店，2018

江原裕美編著『国際移動と教育—東アジアと欧米諸国の国際移民をめぐる現状と課題—』，明石書店，2011

苑復傑「中国，日本，韓国 − 東アジア域内留学圏をめざして」，『国際流動化時代の高等教育』，松塚ゆかり編著，ミネルヴァ，2016

杉村美紀（編著），『移動する人々と国民国家』赤司書店，2017

東京大学教育学部教育ガバナンス研究会編，『グローバル化時代の教育改革：教育の質保証とガバナンス』，東京大学出版会，2019

内閣府グローバル人材育成推進会議，「グローバル人材育成戦略」，審議まとめ，2012

日本国際理解教育学会（編集）『国際理解教育』Vol.25，日本国際理解教育学会，2019.

OECD 2007, 2010, 2013, 2014, 2017 *Education at a Glance:* OECD Indicator

UNESCO 2009, 2010, 2012 *Global Education Digest*, Paris: Unesco.

Institute of International Education 2007, 2014, 2016, 2019 *Open doors.*

National Center for Education Statistics *Digest of Education Statistic 2013*

IBO ホームページ　https://ibo.org/benefits/learner-profile/

総務省統計局ホームページ　https://www.stat.go.jp/data/jinsui/index.html

【学習課題】

1. 日本の社会にとって外国人留学生の受け入れ，また日本人の留学生の派遣が，どのような意味があるか，社会的側面，経済的側面，文化的側面，考えてみよう。

2. 外国人労働者，移民，難民の受け入れとその子供への教育が，教育現場にどのような課題を与えているか。日本の社会にどのような影響があるか，考えてみよう。

3. 国際理解教育，国際バカロレア，PISA 学力調査は，日本では，どのような実施状況にあるか，またどのような影響を与えているのか，調べてみよう。

11 | 学校教育の縁辺

岩永雅也

《**目標＆ポイント**》 学校教育の周辺には，その機能を補填したり補助したりする教育産業（塾，予備校などの教育サービス産業および教材やソフトなどを提供する教育財供給産業）が存在する。その機能と実態そして課題を現代社会との関りにおいて考察する。
《**キーワード**》 教育産業，学習塾，臨時教育審議会答申，通塾率，ゆとり，業者テスト，偏差値，教育自由化

1. 教育産業の展開

（1）教育産業の全体像

　教育を事業内容とする事業所（組織）は，総務省の定める日本標準産業分類（2013年改定）で「教育，学習支援業」（大分類）に分類されている。教育，学習支援業はさらに「学校教育」（中分類）と「その他の教育，学習支援業」（同）に分類される。前者には小学校，中学校といった狭義の学校や大学，幼稚園，認定こども園などが含まれ，後者には博物館，図書館などの社会教育施設，職業訓練校，学習塾，音楽教室，カルチャーセンターなど，多様な事業体が含まれる。この「その他の教育，学習支援業」のうち，民間の企業体として運営される事業体の集まりが教育産業の重要な一部をなす。多様な組織，業態が含まれる産業であるが，総じて，民間の組織や団体が利益を目的に教育に関わって行う事業を指すと言ってよい。こうした教育産業は，より具体的にいうと

「教育サービス産業」と呼ぶことができる[1]。

　一方，産業分類では製造業等に分類されるが，教育のためのさまざまな資材を提供する業態もある。例えば，教材や教具，副読本，標準化されたテスト，ドリル，あるいはICT教育機器，学習ソフト，備品などの供給を担っている事業体である。かつて，こうした産業はもっぱら上記教育サービス産業に教育資材を提供することが主であったが，現在では一般市民ユーザーにまで市場を拡大している。このような教育産業は，先の教育サービス産業に対し「教育財供給産業」と呼ぶことができる。

　有園格（2002）は，教育産業を上記のように教育サービス産業と教育財供給産業に大別した上で，教育サービス産業には「①専門職業教育を対象にした各種学校，②商業実務やマネジメント，情報関係の研修等を目的にしたビジネス教育産業，③職業訓練などの公共職業訓練校，④教養・趣味・娯楽などの講座開設等にかかわる文化教養産業など」があり，教育財供給産業には「①教科書産業，②教材・教具産業，③スライド・ビデオ・CDなどの視聴覚教材産業，④コンピュータや教材提示装置などニューメディア産業，⑤インターネットを利用した学習情報や進学情報などがある。」と簡潔に整理している[2]。

　もちろん，教育に関する活動を「産業」という枠で捉える視点は，伝統的な教育本来の姿勢ではない。1960年代にアメリカの経済学者マハルーブ（Machlup, F）が，来たるべき70年代の知識産業社会では教育市場を対象にした新たな産業が重要な位置を占めるだろうと指摘したことで注目されるようになったものである[3]。日本では，1970年代になって大学進学率が上昇したことをきっかけに予備校や学習塾の需要が急増し，そのことが受験産業全体を育てることにつながり，教育の産業化，

1　概念的には「教育，学習支援業」のすべてが広い意味での教育サービス産業に属すると言ってよいが，学校教育の縁辺を見る本章では，学校教育は考察の対象から外すこととしたい。
2　有園格「教育産業」『新版　現代学校教育大事典』（2002）第2巻，pp.212-213
3　フリッツ・マハルーブ／高橋達男訳『知識産業』（1970）産業能率大学出版部

市場化が進むようになった。1980年代後半の数次にわたる臨時教育審議会（以下，臨教審）答申で示された「教育自由化」の議論は，そうした教育産業の活動にいわば「免罪符」を与える効果をもたらし，そうした教育の産業化，市場化の傾向が決定的となったのである。

　一方，臨教審答申では教育自由化と並ぶもう一つの柱として生涯学習社会への移行が提唱されたが，それを受けての生涯学習振興法成立（1990年）は，民間企業の協力による各種職業資格・訓練に関する教育サービス事業やカルチャーセンター等による教養講座等の，主に成人を対象とした教育サービス産業が急増する大きなきっかけとなった。

　さらに，世紀の端境期頃になると，情報化の著しい進展と情報産業の教育への進出により，教育用のハードウエアやソフトウェア，コンピュータを用いた試験事業や研修事業など，教育サービス産業と教育財供給産業の両方に関わりを持つ教育情報産業の著しい成長が見られるようになった。そうした多様な教育産業のうち，本章では特に学習塾や英語教室，予備校，テスト業者など，学校教育の縁辺にあってそれを補完する事業体に焦点を当て，集中して見ていくこととしたい。

（2）教育産業の市場規模

　矢野経済研究所は2019年11月28日，教育産業市場に関する調査結果を発表した。主要15分野における国内の教育産業市場（売上高ベース）について，2018年度は実績で2兆6794億円にのぼり，2019年度は2兆6964億円と予測している（**図11－1**）[4]。

　教育産業全体市場規模に関する調査は，①学習塾・予備校，②家庭教師派遣，通信教育，③同（幼児向け），④同（学生向け），⑤同（社会人向け）⑥幼児向け英会話教材，⑦資格取得学校，⑧資格・検定試験，⑨語学スクール・教室，⑩幼児受験教育，⑪知育主体型教育，⑫幼児体育

4　この数値は，例えば同時期の化粧品産業，外食産業，理美容業の総売上高と近似している。

図11‐1　教育産業市場規模の推移（単位：億円）

※数値は事業所売上高ベース

出典：矢野経済研究所『教育産業白書』（2019年度版）より作成。

指導，⑬企業向け研修サービス，⑭ e ラーニング事業，⑮学習参考書・問題集の主要15分野に関して，会社，業界団体，管轄省庁などを対象に実施されている。

　2018年度の教育産業全体の市場規模は，前年度比0.9％増であった。教育産業市場の主要15分野のうち，前年度と比べて市場規模が拡大した分野は，①学習塾・予備校市場，③幼児向け通信教育市場，④学生向け通信教育市場，⑥幼児向け英会話教材市場，⑧資格・検定試験市場，⑩幼児受験教育市場，⑫幼児体育指導市場，⑬企業向け研修サービス市場，そして⑭ e ラーニング市場の 9 分野であった。

　一方，2019年度の教育産業全体の市場規模は，先述のように 2 兆6964億円と予測されている。投資余力のある大手事業者は，幼児教育，英会話，情操教育，保育，学童保育に加え，今後，需要の高まりが期待される在日外国人向け教育サービスなどの周辺サービスへの積極的な投資により，事業領域の拡大を推進する動きを見せている。

　同じ**図11‐1**により，学習塾・予備校市場規模（折れ線）を見ると，2018年度は9720億円にのぼり，2019年度は9750億円と予測されているこ

とがわかる。近年，学習塾や予備校などの教育現場では，タブレット端末やパソコン，スマートフォンを使用したデジタル教材の導入が進み，経営や教室運営の効率化が著しく進んでいることも，市場規模の継続的な増加の要因となっていると思われる。

2. 学習塾の現状

（1）学習塾の概観

　ここからは，教育産業のうちの重要な部分を占める学習塾について，その成り立ちや社会的評価の変遷等を見ていこう。形態的な定義からするならば，学習塾とは，学校教育外の教育機会であり，放課後や学校休業中に子どもたちを集め，学校教育の補習や上級学校への受験・進学準備を行う施設である[5]。すべての学習塾が公的補助を全く受けず，公的規制からも自由な私的施設である。

　歴史的に見ると，塾の名称は江戸時代の後半に発達した私設の教育機関であった私塾・家塾と同根である[6]。当時の私塾・家塾は，各藩が運営する藩校や，庶民層の子女に読み書き算盤を教える寺子屋と並ぶ主要な教育機関の一つであった。私設であるため，官学であった朱子学とは異なる学問的基盤である陽明学，国学，蘭学，兵学，医学などに拠るものが多かった。広瀬淡窓の咸宜園，吉田松陰の松下村塾，緒方洪庵の適塾，シーボルトの鳴滝塾，福沢諭吉の慶應義塾などがよく知られている。

　今日の学習塾は，「塾」の字義は継いでいるものの，もちろん，そうした高度な学問的理念に基づく教育機関ではなく，学校教育の外にあって子どもの学習指導を行う民間の教育事業体である。小学校低学年まではもう一つの塾類型であるおけいこ塾に通塾する子どもが多いのに対し，高学年から中学生にかけては学習塾に通うことが多くなる。

5　そうした学習塾以外にも，音楽や美術，習字，珠算等の，いわゆる「おけいこ塾」があるが，ここではもっぱら学習塾に焦点を当てる。

6　塾は元来，門の両脇の小部屋を指す語で，家長等がそこで家人に私的な教育をすることがあったため，勉学の場の意味が付与された。

学習塾は，大学不合格者（浪人）を主たる教育対象とする予備校とも近い存在であるが，予備校の場合，年に680時間以上の教育を行う等の条件を満たして各種学校に認定されている点で塾とは異なる[7]。塾経営を規模の側面から見ると，個人経営の小規模なものから法人組織による大規模なものまで多様であるが，近年は異業種，大規模企業の進出，チェーン化などの特徴的な動きも見られ，学習塾は一大産業となっている。

　学習塾全体の規模を見るため，通塾する者の数と通塾率を見ておこう。**図11-2**にあるように，通塾する小学生たちの過去10年間の数値を見ると，絶対数が2013年以降減少していることがわかる。一方，通塾率は10年間47％前後で推移している。つまり，通塾数の減少は，もっぱら2013年を小さなピークとする子どもたちの数の減少（少子化）によるものだということがわかる。中学生の場合はどうか。**図11-3**でもわかるように，2009年〜2012年の通塾数が最も多く，75万人前後であったのに対し，その後は減少に転じ，2017年には62万人強まで減っている。一方，通塾率は小学生と異なり2008年の約64％がピークで，それ以降は60〜61％まで下がっていることがわかる。

（2）学習塾の量的拡大とその影響

　予備校の歴史は古く，ほぼ日本の大学入学試験の歴史と同じといってよいほどである。すでにその最古のものは明治の中期には教育活動を始めていたとされる。それに対して，本来自然発生的で小規模であった学習塾の存在が全国的に知られるようになったのは，第二次大戦後の高度経済成長が始まってからのことである。東京オリンピックも成功裏に終

7　各種法人に認定されると税法上有利であるが，毎日学校に通っている子どもたちを対象とする学習塾で年間680時間の教育を行うことは不可能である。なお，広義の予備校には「宅建予備校」「司法試験予備校」「高卒認定試験予備校」等多数あり，それぞれ独自の教育活動を行っている。本章で予備校という場合は，狭義の予備校，つまり大学受験予備校を指すものとする。

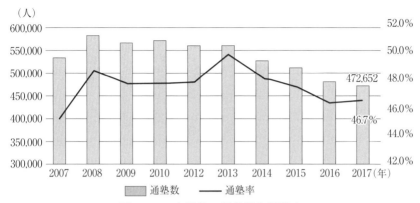

図11-2　小学生の通塾数と通塾率

出典：国立教育政策研究所「全国学力・学習状況調査報告書」（各年度版）より作成（2011
年度はデータなし）。

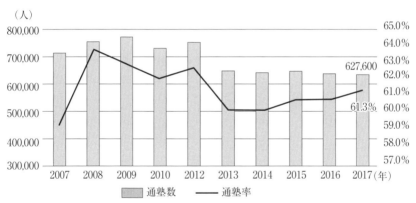

図11-3　中学生の通塾数と通塾率

出典：国立教育政策研究所「全国学力・学習状況調査報告書」（各年度版）より作成（2011
年度はデータなし）。

わり，昭和40年代に入ると，欧米へのキャッチアップを念頭に，教育課程の充実が課題となって学習指導要領が改訂され[8]，日本の小中学校では学習内容が一気に増えることとなった。のちに「新幹線授業」や「詰め込み教育」と批判されるような状況の下で，学校の授業だけではついていくのが難しくなった層の補習塾や，年々内容が高度になっていく中学・高校入試のための対策を目的とする多様な塾が，大都市圏を中心に数多く活動を始めたのである。

　続く昭和50年代以降になり，全国各地で学習塾が開かれて子どもたちの多くが放課後毎日のように塾通いを始めるようになると，そのことが一種の社会問題として注目されるようになった。1985（昭和60）年，当時の文部省は，学習塾問題を公教育に大きな悪影響を及ぼすものと考えて「児童生徒の学校外学習活動に関する実態調査」を実施した。それによると，同年の日本の学習塾の数はおよそ３万6,000と推定された。小・中学校の合計数とほぼ同数の学習塾が全国に展開していたことになる。通塾率は全国平均で小学生の場合16.5％，中学生では44.5％であった。2018年現在はそれらの数値が塾数およそ５万5,000，通塾率は小学校６年生で約47％，中学校３年生で約61％と伸長しているが，どの数値も約40年前の段階ですでに現在の５〜６割の水準に達していたことになる。当時の文部省は，こうした学習塾の展開が，本来教育の中心とされるべき学校教育によくない影響を与えると考えたのである。

（3）ゆとりの時間と学習塾

　1970年代後半になると，文部行政の側でも「詰め込み問題」，「落ちこぼれ問題」により強く対応すべきだという議論が強まってきた。という

8　戦後第３次（終戦直後の試案「手引き」を入れれば第４次）の「現代化カリキュラム」と呼ばれた学習指導要領である。教育内容を現代化し，著しい科学技術の進展に応じた教科内容の増大を行った。この要領に基づく授業にはついて行けない児童生徒が続出し，やがていわゆる「落ちこぼれ」の問題が表面化することとなった。

のも，そうした問題は，ただ単に個々の児童生徒の学力低下や怠業の問題にとどまらず，若年非行の蔓延，学校での問題行動の増加といった形で重大な社会問題となっていたからである。

　それらの問題に対する一つの回答が，1977年に出された学習指導要領である。これは，教科内容の精選と削減を戦後初めて行い，「ゆとりの時間」を導入して「落ちこぼれ問題」への対応を行った，画期的な要領であった。「ゆとり」という文言もはじめて登場し，後に「ゆとりカリキュラム」と呼ばれる要領となったのである[9]。

　しかし，学力の不公平をなくし，子どもたちの達成を平準化する目的で導入された「ゆとり」は，すぐに批判を招くことになった。臨教審は，そもそもそうした形式的な平等理念に疑問を呈し，教育の自由化さらに言えば市場化さえも射程に収めた議論をすべく1984年に発足した首相直属の諮問機関であったが，その1987年4月の第三次答申では，第2章「初等中等教育の改革」の第7節「塾などの民間教育産業への対応」において，次のような提言を行っている[10]。

ア．学校教育ならびに教育行政は，児童・生徒・学生の多数が，一方で多様な民間教育産業の教育サービスをも受けているという，いわゆる「ダブル・スクール現象」の実態を踏まえるとともに，それを通じて現在の学校教育の在り方を反省し，学校教育の改革に生かすよう努力すべきである。……

イ．これからの高度情報社会，高度知識社会への長期展望のなかに民間

9　これは，後にさまざまな大衆的批判にさらされることになる「ゆとり教育」とは少し時期が異なっている。「ゆとり世代」などを生んだとされるのは，1989年要領の「新学力観」，1998年要領の学校週五日制導入による「学校スリム化」といった要素である。

10　大蔵省印刷局『教育改革に関する答申—臨時教育審議会第一次〜第四次（最終）答申—』（1988）p.208。なお，この臨教審答申の部分は，その多くを新井郁男「塾」『新版　現代学校教育大事典』（2002）の記述に拠っている。

教育産業を位置付けてみた場合，・・・・・教育における民間活力の導入との関連も含めて，長期的な教育産業政策の観点から十分慎重に検討する必要がある。

ウ．本審議会が……提言した……「新しい柔軟な教育ネットワークの形成」の中に，民間教育産業の役割・機能分担をどう積極的に位置付けるべきか，そのためには民間教育産業の側でどのような体質改善や対応が迫られるかを検討する必要がある。

　※下線は筆者。

　実は，審議の過程で，塾はすでに大きな存在に成長しておりその競争原理を活かして公教育システムの中に取り込むべきである，という議論も，一部の教育自由化・市場化推進派の委員から出されている。実際の答申ではそのトーンは和らげられているが，それまで問題視されていた学習塾を「第二の学校」として公教育の一部に取り入れていこうという考え方は，明らかにそれまでの文部省・中教審等の発想とは異質なものであった。

　その後，先述のように「新学力観」の学習指導要領が出され，また学校週五日制などの「学校スリム化」が今世紀初めまで進められることとなった。その結果，学習塾が一部の児童生徒の余った時間の受け皿として機能するという懸念も，ある程度現実のものとなった。その結果，親・保護者の経済力の差が学力差につながるという，いわゆる学力格差問題も生じている。もっとも，教育自由化・市場化推進派にとっては，それは想定内のことであったと思われる。むしろそれによって教育の場に競争原理が持ち込まれ，よい教育がより高く評価されて生き残り，教育全体の質を高めていくというメカニズムの一環と考えられていたからである。学習塾と学力問題は，現在も教育上の重要なテーマであり続け

ているのである。

3. 教育産業の展望と課題

（1）教育産業を巡る臨教審以降の議論

　先に見たように，臨教審第三次答申によって一つの解を得た学習塾問題であったが，その後，1990年代前半に別の教育産業を巡る大きな出来事が発生した。それは，1992年10月に，埼玉県教育委員会が発出した「業者テストの偏差値に頼った進路指導を改善する方針」から始まった。この方針により，民間業者の行う模擬試験の偏差値を用いてなされていた中学校教諭と私立高等学校教諭との進学打合せ（調整）を行えないこととなったのである。それまで，実際には，広く全国的にそうした調整が行われていたため，そうした埼玉県の決定には現場からの激しい反発があった。それに対して，当時の鳩山邦夫文部大臣は全面的に埼玉県教委を支持し，翌1993年，全国の中学校で業者の行う模擬試験の偏差値による進路指導は文相の"鶴の一声"で禁止されることとなった。それ以降，業者テストを中学校内部で実施することはなくなり，生徒たちは学校外の会場で，受験の申し込みをした上でテストを受け，その結果を自ら志願する私立高校へ持ち込むことになったのである[11]。

　ところがもう一度，教育産業擁護（必要論）の揺り戻しがあった。1999年6月の生涯学習審議会の答申である。答申は，生涯学習におけるおけいこ塾の役割を重視すると同時に，学習塾についても学校教育とは異なる需要に応えているとして，その存在意義を認めたのである。この答申は，2002年からの学習指導要領実施ともあいまって，学校スリム化による子どもたちの余剰時間の受け皿としての塾の存在を強力に追認するものとなった。

　このように，学習塾や業者テスト等の教育産業をめぐる議論は，常に

11　現在でも埼玉県では，中学三年生の進路指導の教諭は，私立高校を志願する子どもたちに，一学期の成績表と業者模擬試験の結果を持って，自分で私立高校の個別相談に行くように指示している。

「公平性・公正性」と「個性化・自由化」との間で揺れ動いてきた。学習塾問題も業者テスト問題も偏差値問題も，その意味では同根の問題であると言うことができるだろう。

（2）教育産業の今後を巡って

　多重知能（multiple intelligences）理論で知られるハーバード大学のハワード・ガードナー（Gardner, H）は，日本を含む東アジアの効果の高い教育を評価して次のように述べている[12]。

　「日本のような国では，教育の最初の数年間は，生徒の社会的な理解や，一緒に学ぶ能力を伸ばすのに費やされる…（中略）…学校の社会化の側面が大変重要で，まさにそうだからこそ，社会は，認知の側面が軽視されないように手段を講じる……日本では，多くの生徒が放課後に〔塾などの〕指導を受けに行く。」

　日本の子どもたちは，学校で社会性や集団意識を学び，認知，つまり知的な発達に関しては学習塾がそれを補強している，というのである。多分に印象的な指摘であるが，われわれの認識と近いものがあるのも事実である。つまり，どのようなレトリックで学校の優位性を主張するにしろ，すでに学習塾等の教育産業は事実として公教育の内部に定着しているということである。しかも，ガードナーは，そのことが日本の教育が優れた成果をあげている最大の要因の一つだと肯定的に紹介しているのである。「遅くまで塾に行っている子どもたちがかわいそうだ」という情緒的な批判を超えて，何がより効果的な教育の実現に資するのか，客観的なデータを踏まえた合理的な議論が求められている。

12　ハワード・ガードナー／松村暢隆訳『MI：個性を生かす多重知能の理論』（2001）
　　新曜社，p.221。

参考文献

新井郁男編著『学校と塾や地域との間』ぎょうせい，1990

安彦忠彦他編『新版　現代学校教育大事典』ぎょうせい，2002

大蔵省印刷局『教育改革に関する答申―臨時教育審議会第一次～第四次（最終）答申―』1988

ハワード・ガードナー／松村暢隆訳『MI：個性を生かす多重知能の理論』新曜社，2001

フリッツ・マハループ／高橋達男訳『知識産業』産業能率大学出版部，1970

文部省『教育白書：児童生徒の学習塾通いの問題』1992

【学習課題】

1．学校教育の周辺にあるさまざまな教育産業について，具体的な例を挙げながら，その活動内容について調べてみよう。

2．改めて臨教審の答申（特に第三次答申と第四次答申）を読みながら，その時代的背景と意義について考えてみよう。

3．これからの学校とその周辺の教育産業の望ましい関係はどのようなものかということについて，自らの体験あるいは子育ての体験などを通して，具体的に考えてみよう。

12 | 生涯にわたる学習受益者の育成

岩崎久美子

《目標&ポイント》 本章では，学習する意義，成人学習の現状，そして，生涯にわたって学習活動の受益者となるために教育現場で必要なイノベーティブな学習環境について検討する。

《キーワード》 経済協力開発機構（OECD），リカレント教育，臨時教育審議会，イノベーティブな学習環境

1. 学習する意義

人はどのような理由で学ぼうとするのであろうか。成人になってからの学習のニーズは多様であり，その理由は人それぞれであろう。「なぜ学ぶのか」という問いへの答えを求めて，ここでは，学習する理由の例を挙げてみたい。

（1）生きるための学習

独立行政法人国際協力機構（JICA）が作成した国際理解教育の子ども向け教材には，次のようなバングラデッシュの例が紹介されている。

「アジアで最も貧しい国の一つ，バングラデッシュでは，大人になっても読み書きができない人がたくさんおり，電気やインターネットの普及もまだまだです。特に女の子の教育の機会がかぎられています」。

その数字を見れば，100人中「5歳まで生きられない子どもの人数4人，字を読めない人の数41人，電気を使えない人の数40人，インターネ

ットを使える人の数10人」「幸福度ランキング110位」[1]となっている。

　貧しければ，学校に行くかわりに，魚を取ったり，水を運んだり，農作物の収穫を手伝ったりして家計を助けなければならない。読み書きの勉強よりも，きょうだいの面倒を見なければならない場合もあろう。そのように毎日が精一杯の生活であれば，学校に行くことの意味や重要性に気付くことはできないかもしれない。このような家庭環境の親や子どもに対し，学校に行くこと，学ぶことの意義をどのように伝えたらよいのだろうか。

　開発途上国支援を行う NGO は，次のような実話に基づいた物語を紹介する。

「くだける波間に飛び込み　海中の貝殻を拾い集める。

おぼれたり　怪我をする子どもが　後を絶たない。

でも，貝殻をセメント業者に売れば　一日に数ペンスにはなる。

アワは家族の生活のために　12歳のときに学校をやめて　この仕事を始めた。

ある日，劣悪な環境で働く子どもたちを　支援する団体の教室にさそわれた。

読み書きや計算　そしてビジネスの仕方を教えてもらった。

卒業すると　婦人服の仕立屋の見習いになることができた。　（中略）

今では独立して自分の仕立屋を始め　アワのファッション・ビジネスは順調だ。

おしゃれなドレスをまとったアワからは　貝殻を拾っていた少女の面影は想像できない」。[2]

　教育を受けられないことや学習ができないことは貧困の現状にとどまることであり，その状況から脱却できないことを意味する。この貧困の

1　独立行政法人国際協力機構『Find the Link　どうなってるの？世界と日本』第二版，2019，p.14.

2　遊タイム出版・NGO プランジャパン編『貧しい国で女の子として生きるということ－開発途上国からの５つの物語』遊タイム出版，2010，pp.84-94.

連鎖を断ち切る切り札の一つが，教育や学習なのである。文字を読み書きすることで情報を入手すること，計算をすることで物の売り買いをすること，だまされないで尊厳を持って生きて行くこと，そのためには，学習が重要であり，学習こそが社会で生きていくのに必要な道具を与えてくれる。

　学ぶ理由の根源には，人間の尊厳を保持することがある。人間として尊厳を持って生きていくためには，基礎的な読み・書き・そろばん（計算）の学習は必須なのである。

　日本では，能力に応じて等しく教育を受ける権利および義務教育の無償が憲法で保障されている。しかし，日本にあっても，子どもの貧困が顕在化し，学校に通学しているとはいえ，家庭での適切な養育環境にない子どももいる。そのため，子どもに対する食事の提供や学習支援の活動が各地で行われてきている。開発途上国のみならず，すべての子どもが将来社会で生きていく上で必須の基礎的能力を学ぶ機会を，等しく享受できるような教育的配慮が広く求められてきているのである。

　米国の成人教育学者リンデマンは，「成人教育は，単に市民を非識字状態から読み書きのできる状態に変えるだけのものではない，それは，生活の価値の全体構造をつくり変えるものである」[3] と言う。不遇な子ども時代を過ごしたとしても，大人になってから機会に恵まれ，意志と意欲を持って読み書きの学習をすることは，「生活の価値の全体構造」を変え，現実社会を改善し向上させる潜在性を持つ。この点を考えれば，子ども時代からの教育機会の保障は，なおのこと重要と言えよう。

（2）仕事をするための学習

　雇用を得ることや雇用を維持するために学ぶという理由もある。実は欧米の生涯学習の主要なテーマは，技術革新・情報化に伴う職務内容・

3　エデュアード・リンデマン（堀薫夫訳）『成人教育の意味』学文社，1996，p.27.

職種の変化によって必要となる，職業上の再教育・再訓練にある[4]。

　たとえば，戦後，わが国の産業構造は，農林水産業や自営業などから，サービス産業へとシフトした。このことは，労働市場の需要と供給によって雇用が左右される度合いが大きく，労働市場が求める知識・技能を保有する必然性を意味する。

　通常，私たちは初期教育と呼ばれる社会に入る前までの教育を，義務教育，高校，専門学校，大学などで受ける。その後，職場などでの実務研修，あるいは，自発的に語学学校などでの組織的な学習機会や，友人との読書会などに参加して研鑽を積むかもしれない。また，職場にあっては，日々の実践を通じて，企画力，問題解決能力，調整作業といった技能や，職場で求められる新しい事柄の学習，経験によって培われる熟練スキルを獲得するかもしれない。あるいは，日常生活にあっても技能を活用する機会はあるかもしれず，ボランティアや文化的活動などから学習する場合もあろう。

　いずれにしても，社会の変化に伴って，知識・技能を劣化させず，また，新しい知識・技能を獲得するための学習は，生活を送り，仕事を継続していく上では欠かせないことである。特に知識が生産手段であり財である知識社会とされる現代では，既存の知識の維持とともに常に新しい知識の獲得は必須なのである。

　経営学者であるドラッカー（Drucker, P. F.）は，「一度，知識によって技能を学び取ることを知れば，さらにいかに学ぶかということも身につく。そしてさらに新しい技能も速やかに習得できるようになる」[5]と言う。

　長期雇用や終身雇用が保障されない社会変動の中で，また，知識社会において，労働者にとっては，学習こそが人生の荒波を乗り越えるサバイバル・キットの一つと言えよう。

4　市川昭午『生涯教育の理論と構造』教育開発研究所，1981，p.178.
5　ピーター・F. ドラッカー（林雄二郎訳）『断絶の時代』ダイヤモンド社，1969，p.356

（3） 人生を意味づけるための学習

　学ぶ理由には，自分の人生を意味づけるためもある。

　社会学者のバウマン（Bauman, Z.）は言う。

　「いま流行の『生涯教育』の焦点はある意味，専門的情報を『最新情報』に更新することである。とはいえ，生涯教育がもてはやされている，おなじくらい大きな，あるいはひょっとするともっと大きな理由は，…人格という鉱山は掘り尽くされることがなく，魂の師さえ見つければまだ発掘されていない鉱脈を見つける道を知っていて，…そういう魂の師は探せば必ずみつかるはずだということである。それにもちろんそうした師に払う法外な大枚にみなさん不自由していないからこそ流行るのである。」[6]

　人は自分の存在を肯定し，自分の人生を意味づけたいという欲求を持つ。成人学習の研究者の多くは，心理的危機と学習との関係を探索し，その結果，人生において心理的危機を乗り越えるときに，価値観やものの見方が変容する，人生で意味ある学習がなされる，との知見を提出している[7]。学習は人生の転機に付随し，とりわけ心理的危機を乗り越える際に大きな意味を持つというのである。

　たとえば，心理学者のユング（Jung, C. G.）が40〜50歳を「人生の正午」にたとえ，このころに訪れる転換期，その心理的危機に言及したように，中年期は，これまで生きてきた過去を振り返り，これからの人生をどう生きるかといった人生のリセットの時期とされる。今後の人生をどう生きるかに悩むとき，そしてその方向性を決めるとき，新たな知識を求めて，学習する場合もあろう。あるいは，高齢期になれば，自分の人生を振り返り，人生を肯定する欲求を持つと言われる。

　人生のいくつかの曲がり角で，挫折や苦難を乗り越えて新たな方向性

6　ジグムント・バウマン（酒井邦秀訳）『リキッド・モダニティを読みとく』筑摩書房，2014，p.148.

7　Carol B. Aslanian & Henry M. Brickell, *Americans in Transition: Life Changes as Reasons for Adult Learning*, College Entrance Examination Board, 1980など。

を探る折，学習活動を行うことは，人生の前向きな行動と言える。人生
設計は学習計画を伴い，今後の人生を意味づけるためにも学習への意欲
が喚起されることが多い。それは，職業上の模索の場合もあるが，自己
実現とも言える自分の人生の意味を問う場合もあるのである。

2. 学習の条件

（1）教育・学習の場の類型

　それでは，学ぶ理由に応じて，教育や学習の場としてはどのようなも
のが想定されるのであろうか。

　第1章で説明されているように，教育の諸類型としては，「フォーマ
ル教育」（formal education），「ノンフォーマル教育」（non-formal
education），「インフォーマル教育」（informal education）の三つの区
分がある（**表12−1**参照）。

　フォーマル教育とは，時系列的に段階的に制度化され，階層構造化さ
れた，小学校から大学までの教育制度を指す。

　ノンフォーマル教育は，公的な学校教育制度の枠組み外で行われる組
織的・制度的教育活動であり，子どもから成人に至るどの年代層をも対
象とし，特定のグループに選択されたさまざまな種類の学習活動を提供

表12−1　教育・学習機会の類型

	フォーマル教育	ノンフォーマル教育	インフォーマル教育
意図的・目的的	○	○	×
組織化（施設利用）	○	○	×
公的制度による体系化	○	×	×

出典：岩崎作成。

182

するものである。海外での例としては，農業改良普及事業や農業従事者
養成プログラム，成人識字プログラム，職業技術訓練，ユースプログラ
ム，さまざまなコミュニティで行われる健康・栄養・家族計画，共同組
合活動の指導プログラムなどが挙げられる。

　インフォーマル教育としては，日常的経験による知識，スキル，態度
や洞察力などの獲得・蓄積，家庭，職場，遊びなどで家族や友人を見習
うこと，あるいは，旅行，新聞の講読や読書，ラジオ，映画やテレビの
視聴などの例が挙がる。このような学習プロセスでは，通常，組織化や
制度化されてはいないが，誰もが日常生活の中で行うものであり，人の
生涯にわたる学習の多くを占めるものである。

　一方，フォーマル教育とノンフォーマル教育は，財政主体や制度設計
で異なり，教育目的や対象とする集団も異なる。しかし，教授方法の形
態や方法において類似する場合も多く，フォーマル教育とノンフォーマ
ル教育との線引きは曖昧であり，両者の重要な特徴を混在させたハイブ
リッド・プログラムとして融合される場合もある。また，成人学習では，
フォーマル教育とノンフォーマル教育のどちらも無定型教育のプロセス
を拡大し改善するのに寄与すると考えられている。たとえば，フォーマ
ル教育やノンフォーマル教育が，普段の環境でも機会はあるにもかかわ
らず，即座に着手できない読書や執筆といった特定の価値ある学習を促
し，容易にしてくれるといった例である[8]。

　このように，成人学習，特に政策としての生涯学習の文脈で考えれば，
フォーマル教育，ノンフォーマル教育，インフォーマル教育のさまざま
な要素を統合的に扱った計画的・組織的な制度化が求められる。そのた
め，生涯にわたる教育や学習機会の提供は，社会制度全体への総合的戦
略を有する総合教育政策の様相を持つことになる[9]。

8　Philip H. Coombs & Manzoor Ahmed, (1974). *Attacking Rural Poverty. How Non-formal Education Can Help*, The, John Hopkins Press, 1974, pp.8-9.
9　市川昭午『生涯教育の理論と構造』教育開発研究所，1981，p.2.

（2）学習における主体性

　それでは，生涯学習の主体は誰なのだろうか。生涯学習の提供者なの
か，それとも受益者なのだろうか。この点をめぐっては，欧州諸国と米
国とでは考え方に違いがある。米国では，主に「成人学習」「生涯学習」
という言葉が用いられる。一方，欧州では，主に「リカレント教育」「成
人教育」「継続教育」という言葉が用いられる。米国ではその主体が「学
習」する側にあり，欧州では「教育」する側にあるからである[10]。

　しかし，そのような区分も時に曖昧である。たとえば，欧州諸国の例
として挙げられた「リカレント教育」という言葉に注目してみよう。

　1973年に出された経済協力開発機構（Organisation for Economic Co-
operation and Development, OECD）の報告書では，リカレント教育は，
教育―仕事―レジャー―隠退，といった単線型の人生設計ではなく，ま
た，学校教育といった現行制度（フロント・エンド・モデル）で終わる
とする固定的教育観を超えて，個人の生涯にわたって教育が継続的に行
われるように教育を延長することとされている。つまり，リカレント教
育とは，学校教育後の教育のみならず，フォーマル教育もノンフォーマ
ル教育も包含し，青少年および成人に対する教育機関を総動員する教育
戦略のための方策であり，教育とは，社会・政治的，経済的諸機関の大
変革を意図し実現する上での手段なのである[11]。

　このように，リカレント教育は，政策的意図を持った制度化されたフ
ォーマル教育の色彩が強いものであり，その主体は「教育」する側にあ
る。しかし，そうであっても，義務教育，あるいは高校，専門学校，大
学などの初期教育を終え，家庭や社会に入る成人期になると，どのよう
な学習をどのくらいするか，といった学習の質や量は，主に個人に委ね

10　天野郁夫「生涯学習とリカレント教育」市川昭午・潮木守一『生涯学習への道』
　　（教育学講座第21巻）学習研究社，1979，pp.60-62.

11　OECD/CERI, *Recurrent Education: A Strategy for Lifelong Learning*, 1973.
　　（文部省大臣官房『リカレント教育―生涯学習のための戦略―』（調査第88集）
　　1974，pp.1-2, pp.6-7, pp.89-90.）

184

られ，個人の自発性に左右されるため，学習する側の主体性も問われることになる。

　リカレント教育の原型を提示し，成人学習において長い歴史や蓄積のあるスウェーデンにあってさえも，リカレント教育の理念は一夜にして達成され得るものではないと認識されている。その理由は，教育を受ける側の学習態度が変容し，成熟していくことが求められるにもかかわらず，それが実際には難しいことが多いこと，そして現実には成人になってからの学習機会が，すでに十分な教育を受けた人々が享受する傾向があることによる。教育が十分ではない多くの人々に，リカレント教育の考えが広がるには，国と地方自治体，定型・非定型な教育機関，教育と社会サービス，雇用者と雇用主との相互調整が必要であり，多くの課題があることも指摘されている[12]。

　つまり，生涯にわたって学習の受益者となるためには，学習者が自発的，かつ自律的に学習ができるか，その意欲と能力がポイントとなる。そのため，米国では，学習の主体となる個人に対し，学習による資格取得が雇用の確保や維持，キャリアアップにつながるといった社会的インセンティブを与えるとともに，成人学習者への支援方法がきめ細かく検討されてきたのである。

（3）成人学習者の属性

　このように，成人になってからの学習の特徴は，学習者自身が自発的，かつ自律的に学習を決定することにある。それでは，成人になってからの学習は，実際にはどのような人々によって行われているのか。わが国の成人学習者を対象に行った調査の例を見てみよう。

　成人学習者を対象に，世代（30代から60代前半・後半，70代は参考値），性別（男・女），雇用形態（正規雇用，非正規雇用，専業主婦（夫）・求

12　レオン・バウチャー（中嶋博訳）『スウェーデンの教育−伝統と変革』学文社，1985，p.177.

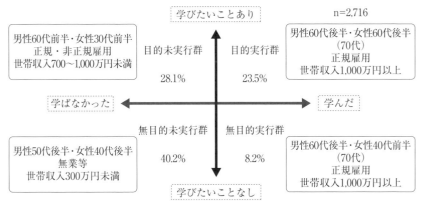

図12-1　学習者の類型

注1：表中の（70代）の表記について：70代のみ調査対象者が少ないためここでは参考値
　　　としている。70代は総数2,716のうち，集計には含まれている。
注2：四つの群において，それぞれの属性（①性別×世代，②雇用形態，③税込み世帯収入）
　　　のうち最も多い割合のものを抜き出し囲みとして入れてある。
出典：岩崎作成。

　職者・無業者）ごとに区分した上でそれぞれ同数を割当ててウェブ上で
調査を実施した。調査項目のうち，「あなたは，昨年度において何かを
自主的に学びましたか」との問いで，現在の学習の状況を聞いた調査結
果が**図12-1**である[13]。「学びたいことがあり，学んだ」（目的実行群）
の割合は全体の23.5％，「学びたいことはあったが，学ばなかった」（目
的未実行群）は28.1％，「学びたいことはなかったが，学んだ」（無目的
実行群）は8.2％，「学びたいことはなく，学ばなかった」（無目的未実
行群）は40.2％となっている。**図12-1**では，それぞれの群について，
性別，年代，雇用形態，世帯収入の中で最も比率の多い属性を併せて表
記している。
　ここで確認したいのは，「学びたいことがあり，学んだ」（目的実行群）
とする目的に沿って学習する層は25％弱，約四分の一ということである。

13　2019年度放送大学振興会助成研究「成人学習者のセグメント化による学習ニー
　　ズに応じた学習環境整備に関する研究」による調査結果。

そして，雇用形態や世帯収入に注目すれば，学習をしている層の多くが正規雇用で相対的に高収入であり，逆に「学びたいことはなく，学ばなかった」（無目的未実行群）とする4割の人々の多くは，無業等で収入が低いという事実である。

　このようなデータから，個人の意欲や能力に依拠し，学習の決定を個人に委ねることで，個人の知識・技能の総体量の格差が，学習を介してますます広がっているのではないかという懸念が生じる。

　成人になってから学びたい人に対し，国や地方自治体は多くの学習の場を整備・提供してきた。特に，生涯学習体系への移行を強く提唱した1985（昭和60）〜87（昭和62）年の臨時教育審議会答申以降，国や地方自治体における生涯学習の基盤整備が進み，また若年層に限定されていた大学・大学院の規制や制度は弾力化され，社会人が学びやすい環境がもたらされた。2016（平成28）年度学校基本調査によれば，大学・短大進学率は54.8％を記録し，高学歴化も進んでいる。しかし，このような学習の機会が格段に拡充されればされるほど，皮肉にも表面化したことは，**図12−1**に見られるように学習を自由に享受できる層とそうでない層の格差とも言える。生涯学習の基盤整備がなされ，自由な学習機会があったとしても，その情報を入手し，学習を計画し実行できる人ばかりではない。「学びたいことがあり，学んだ」とする目的実行群に属する人々は，学習意欲，動機，学習マネジメント力を有し，学習を自由に享受できる層であり，学習に親和性を持ち，社交的で学習が好きな人々と言える。このような自主的に学習ができる人々のみならず，学習の必要性がありながらも学習機会にアクセスできない人々に対して，学習意欲を喚起し，情報を提供，学習を動機づけるなど，学習補償・支援のための仕組みづくりが求められているように思われる。

　知識社会と呼ばれる現代は，知識が道具であり資本である。このよう

な社会で生きていくには，学習することは必須であり，収入に直結するため，学習機会から取り残された人々には，状況に応じた支援が必要なのである。そしてまた，必要に応じて学習ができる資質や技能を持つためには，翻って学校教育段階においても，自分で学習を計画・実行・評価できる自発的・自律的学習者の育成という観点が重要となろう。

3.　自発的学習者を育てる教育

（1）効果的学習環境

　前述の社会学者のバウマンは，「現在の世界は揮発性で，何もかも一瞬にしてあらぬ方向に変わるので，伝統的な教育が究極の目的としてきた長年の習慣や，認識の揺るぎなき枠組みや確固たる価値観などはかえって障碍となる」と言う[14]。

　このような流動的社会においては，必要に応じて生涯にわたって自発的に学習ができる学習者を育てることが，なおのこと肝要となる。そのためには学校教育において，どのような学習環境が必要なのであろうか。

　たとえば，OECD は，イノベーティブで効果的な学習環境として，次の七つの原理を挙げる。

①学習者を中心とする

②学習の社会性を重視する

③感情が学習にとって重要である

④個人差を認識する

⑤すべての生徒を伸ばす

⑥学習のアセスメントを活用する

⑦水平的な関係をつくる[15]

14　ジグムント・バウマン（酒井邦秀訳）『リキッド・モダニティを読みとく』筑摩書房，2014，p.143.

15　OECD 教育研究革新センター編著（立田慶裕・平沢安政監訳）『学習の本質－研究の活用から実践へ』明石書店，2013，pp.396-399.

　この七つの原理を大きくまとめてみれば，１.「自律性の育成」(「①学習者を中心とする」「④個人差を認識する」「⑤すべての生徒を伸ばす」「⑥学習のアセスメントを活用する」)，２.感情への配慮(「③感情が学習にとって重要である」)，３.地域資源の活用(「②学習の社会性を重視する」「⑦水平的な関係をつくる」)の三つに分類できる。

　最初に，これまで述べてきた生涯にわたって学習するのに必要な資質とされる「自律性の育成」が挙がっている。

　次に挙がっている「感情への配慮」という点について注目すれば，明らかに子どもは学習活動に対して，肯定的な感情を経験すると強く動機づけられる。難しい課題を達成した誇りや自尊感情は内発的動機づけをもたらす。つまり，一定の自律性ある学習課題に取り組む場合，肯定的感情が喚起される一方で，否定的感情を経験すると，学習から関心がそらされる。不安，恥，飽きやすさ，怒り，失望，希望のなさは，学習の達成を阻害する。記憶の定着のためには，学習が好ましい環境で行われること，そして，ストレスなどに左右されない情動コントロールが重要とされる。生涯にわたって自発的に学習する礎は，学校教育などにおける学習に対する肯定的経験や学校時代の楽しい思い出なのであろう。

　最後の「地域資源の活用」に関しては，OECD の，イノベーティブな学習環境に関する先駆的研究でも，効果的な学習環境を創出するには，伝統的学校教育の枠組みでは不十分であることが指摘されている。そして，これからの学校のありようとして，多様な種類の担い手や組織を取り込んだ相互にかかわり合う共同体，つまり，そのつど学習者を取り巻くさまざまな関係性や変化する混成グループの中で，学習者とともに多様な役割を果たす学習環境におけるエコ・システムの構築が重要とされている[16]。このことは，学校が社会に開かれ，地域資源を活用し，学校外のさまざまな機関や団体と連携・協働する有機体であることが学習環

16　OECD/CERI, *Schooling Redesigned: Towards Innovative Learning Systems*, 2015, p.17.

境として望まれていることがわかる。

（2）主体的学習態度の育成

　それでは，このような効果的な学習環境が整備されたとして，次に生涯にわたって自発的に学習できる主体的学習態度はどのように育成されるべきものなのであろうか。

　グロウ（Grow, G.O.）は，成人学習者を学習の成熟・自律度で類型化する。それによれば，成人学習者は，①自分で学習内容を決定できず，なにをすべきか教えてくれる教師のような存在が必要な段階，②自分で学習内容を決定できる場合もあり，学習への動機づけや自信もあるとはいえ，学ぶ内容について知らない段階，③自分で学習内容を決定できることが多く学習スキルや知識もあるが，学習支援者がいれば特定の内容を深く学ぶことができる段階，そして，④自分で学習内容を決定でき，学習を計画・実行・評価しようとし，かつできる段階，の四段階にわけられる[17]（**表12-2**参照）。

　この類型に基づけば，これまでの生涯学習施策は，グロウの言う第四段階，すなわち自分で学習を計画・実行・評価できる段階の人々を前提に考えられているように思われる。しかし，それぞれの段階にある学習者に対し，自発的・自律的学習者である段階に順次到達するためには，それぞれの状況に足場をかけて次の段階に至らせるような適切な学習支援が求められる。

　それでは，学校教育では，このような自発的・自律的な学習態度をどのように育成可能なのであろうか。この点について，OECDの事例集の中から，カナダ・アルバータ州のオールズ中等学校（Olds High School）の例を挙げよう[18]。

　オールズ中等教育学校は，オールズ（Olds）地区の「コミュニティ学

17　Gerald O. Grow, "Teaching Learners to be Self-directed", *Adult Education Quarterly*, Volume 41, Number 3, Spring, 1991, p.129.

表12‐2　学習者と指導者の類型

段階	学習者	指導者	例
第一段階	依存	権威者・コーチ	①随時フィードバックによるコーチング ②ドリル，情報提供的講義 ③欠点や抵抗の克服
第二段階	関心	動機づけ者・ ガイド	①鼓舞する講義に加え指導的な議論 ②目標設定と学習戦略
第三段階	関与	ファシリテーター	①対等の立場に立つ教員によって促される議論 ②セミナー ③グループでのプロジェクト
第四段階	自己決定	コンサルタント・ 委託者	①インターンシップ ②学術論文 ③個人学習 ④自己決定的学習グループ

出典：Gerald O. Grow, "Teaching Learners to be Self-directed", *Adult Education Quarterly*, Volume 41, Number 3, Spring, 1991, p.129.

習キャンパス」（The Community Learning Campus, CLC）にある。このコミュニティ学習キャンパスには，チャイルド・ケア・センター（Child Care Centre），キャリア総合センター（Integrated Career Centre），アルバータ子供・家庭サービス中央センター（Central Alberta Child and Family Services）などの地域住民へのサービス機関，市民が使用する体育館などのヘルス・ウェルネス・センター，舞台がある美術・マルチメディア・センター（Fine Arts and Multimedia Centre），e‐ラーニング・センターなどが，地域のワン・ストップ・サービスの機能も兼ね備えた複合施設として一カ所に集約されている。これらの機関や施設は，住民の福利厚生や生涯学習に利用されるが，ヘ

18　OECD/CERI, Inventory Case Study: "Olds High School in the Community Learning Campus, Canada, Alberta", *Innovative Learning Environments (ILE)*, (working paper), 2012, p.6, pp.9-10.

ルス・ウェルネス・センターが中等教育学校の体育の授業に，また，マ
ルチメディア・センターやe－ラーニング・センターなども中等教育学
校の授業に併せて利用されていることもユニークである。

　ここで注目するのは，学習者の相違を前提としたオールズ中等教育学
校の教育実践である。

　オールズ中等教育学校の指導モデルは，次のとおりである。

● 　すべての学習者の個別ニーズに対応
● 　プロジェクトおよび課題解決活動を通じて積極的に学習に関与
● 　多分野にまたがるアプローチにより，多様な能力に基づいた学習者
　　によるプロジェクト
● 　個人別の学習環境の確立
● 　双方向的な対話に基づく教育指導法の開発
● 　教師が学習者にとってのコーチ，メンター，モデレーター，および
　　ファシリテーターになるように支援
● 　学習にテクノロジーを導入
● 　生涯学習の推進

　生徒集団は，クワッド（quid）という四つの学習コミュニティに分割
されている。使用するスペースもクワッドごとに割り当てられる。二階
建てビルの各階を四分割し，生徒のロッカー，教師のオフィス，学習エ
リア，勉強スペース，コンピューター，さらに電子レンジ，冷蔵庫およ
び流しの付いた小さなキッチン・エリアがそれぞれのクワッドにある。

　クワッドにはそれぞれ色分けされた名前がついている（レッド，グリ
ーン，ブルーおよびゴールド）。グレード９（中学校３年生相当）では，
全員レッド・クワッドに属するが学年の終了時点で，レッド・クワッド
にいる生徒はブルー，ゴールドまたはグリーンのいずれかを選択するこ
とになる。三つに分岐した各クワッドは10〜12年生の学年を超えた混成

集団となり，生徒は高校3年間を同じ教師グループによるクワッドとして一緒に過ごす。つまり，日本で言えば，建物内に三つのコースが同居しているというイメージであろうか。

　生徒によるグリーン・クワッドへの申し込みは一番早く行われる。このクワッドは，アカデミック・チーム（Academic Team, AT）とされ，教室での授業は週に2〜3回であり，個人学習およびセミナー形式の小グループ学習や教師・生徒間の面談による指導が行われる。このグリーン・クワッドへ申し込まない選択をした場合は，ブルーまたはゴールド・クワッドに割り当てられる。二つのクワッドの学習環境に大きな差はなく，生徒の学習の好み，および個人の性格特性によって決定される。

　日本人の感覚からすると，多くの者がグリーン・クワッドを希望すると推察されるが，実際には，すべての生徒が，グリーン・クワッドを望むわけではないという。グリーン・クワッドでは自発的な学習を中心に

写真：オールズ中等教育学校建物内で自由に学ぶ生徒
（筆者撮影）

構成され，セミナー形式で授業が行われるが，すべての子どもがそのような学習環境に向いているわけでもないため，申し込みの過程で，生徒それぞれが自分にとって一番よく学べる学習環境を検討するという。

　このような学習者に即した学習環境の提供は，成人学習につながる自発的・自律的学習者を育成する観点からも重要である。特に教師の役割を学習者の特性により，コーチ，メンター，モデレーター，およびファシリテーターと機能分化するのは，前述のグロウの学習者と指導者の類型に呼応した支援を行うためであろう（**表12‑2**参照）。生徒の特性に応じた，学校教育での自発的・自律的な学習者を育成するプログラムとは，それぞれの段階における学習支援を柔軟に行う革新的な取り組みを求めるものと言える。

　生涯にわたって，自分で学習活動を統制できることが社会の提供する学習機会を享受するための前提とすれば，その能力を持つ受益者を育成することは，学校教育の環境においても意識される必要があろう。

　米国の成人教育の教科書には，学習を計画することは，人生設計と同じであると書かれている。一人ひとりが受けた生で，人生をより良く全うするために，生涯学習の環境整備とともに，社会の変化に対応するための学習を自発的に行えるよう，学校教育における学習環境の改善や個々に応じた学習支援の制度設計が求められていると言えよう。

参考文献

ピーター・F.ドラッカー（林雄二郎訳）『断絶の時代』ダイヤモンド社，1969

市川昭午『生涯教育の理論と構造』教育開発研究所，1981

市川昭午『臨教審以後の教育政策』教育開発研究所，1995

エデュアード・リンデマン（堀薫夫訳）『成人教育の意味』学文社，1996

OECD教育研究革新センター編著（立田慶裕・平沢安政監訳）『学習の本質－研究の活用から実践へ』明石書店，2013

【学習課題】

1．成人になってからなぜ学ぶのか，その理由を考えてみよう。

2．生涯にわたる学習受益者の育成や支援のためには，どのような社会的環境整備が必要か考察してみよう。

3．これからの学校教育に求められるイノベーティブな学習環境について，OECDなどの取り組みや諸外国の例を調べてみよう。

13 | 社会変化に対応するキャリア観

岩崎久美子

《**目標＆ポイント**》 社会の変化に伴い，どのようなキャリア観が求められているのだろうか。本章では，キャリア観が変貌してきた社会的背景，社会による社会人に対する学び直しの要請，そして転職などで有効な社会関係資本の蓄積など，個人側からのキャリア形成の必要性について整理し，それぞれの論点を提示する。
《**キーワード**》 エンプロイアビリティ，プロティアン・キャリア，学び直し，バウンダリーレス・キャリア，社会関係資本，弱い紐帯

1. 社会の変化

　社会の変化は，個人の人生設計やその展望に影響を与える。ここでは，近年の社会変化のうち，長寿化，社会の細分化，流動化する社会の三つの観点に焦点を当てて，その変化がいかに人生に影響を与えるかを考えてみたい。

（1）長寿化と高齢社会

　個人の人生設計に影響を与える要因を考えてみよう。第一の要因として挙げられるのは，長寿化の傾向である。

　近年，人生100年時代という言葉を耳にすることが多くなった。昭和30（1955）年の平均寿命を見れば，男性63.60歳，女性67.75歳であるが，平成29（2017）年では男性81.09歳，女性87.26歳（厚生労働省　簡易生

命表）と，男女共に20年近い寿命の伸びが見られる。

　長寿化は，退職後，あるいは子育てが一段落した後の時間が増加していることを意味する。これまでの人生パターンは，学校・大学を卒業し，就職・退職の後，あるいは子育てが一段落した後，余生を過ごすといった画一的スタイルで語られてきた。しかし，長寿化に伴い，余生と言われる時間の過ごし方は，個人の生活・経済状況に応じて多様なものとなり，そして，その設計は個人に委ねられるようになった。「老後をどのように過ごすのか」は，多くの人にとって大きな問いとなってきている。

　同時に，長寿化は，社会にとって人口に占める高齢者の比率の高まりも意味する。2019年10月現在，15歳未満の年少人口12.1％，生産年齢人口（15〜64歳）59.5％に対し，65歳以上は28.4％であり，65歳以上が全人口の3割近くを占める[1]。このことは，長寿化による高齢者人口の増加により，成人学習の対象となる人口が，義務教育などの学校教育相当の人口を凌駕しているということである。社会は急速に青少年型社会から成人型社会へと変化してきており，学校や大学などの初期教育を終了した成人学習の対象者が相対的に増加してきていると言えよう。

（2）社会の細分化

　個人の人生設計に影響を与える第二の要因としては，社会の細分化と言われる状況がある。

　「ALWAYS 三丁目の夕日」という映画がある。映画は，雑踏の上野駅から始まる。時代設定は1958（昭和33）年，高度経済成長期と言われたころである。

　映画では，有限会社鈴木オートという個人経営の自動車整備会社に集団就職の一人としてやってきた六子と鈴木オートの家族を中心に，東京の一角に暮らす人々の生活や出来事をめぐる人間模様が展開する。生ま

1　総務省統計局人口推計　2019年（令和元年）10月1日現在（確定値）.

れた順番から付けられたと推察される名前から，六子はきょうだいが多
く，中学校卒業と同時に集団就職を余儀なくされたと想像できる。印象
的なのは，映画の中で，「戦争は終わったんだ。でっかいビルディング
もできる」といった明日への夢が語られることである。映画内で象徴的
に出てくるのは，建設中の東京タワーである。

　高度経済成長期は，1950年代半ば～1970年代前半までとされ，①職業
領域では，「企業の男性雇用の安定と収入増加」，②家族領域では，「サ
ラリーマン－主婦型家族の安定と生活水準の向上」，③教育領域では，
「学校教育の職業振り分け機能の成功と学歴上昇」と，いずれにしても
若い人々が安心して生活でき，希望が持てた時期とされる[2]。多くの
人々は一様に，明日は今日よりも良い生活ができるとの思いを共有して
いた。

　一方，現代社会は，「ALWAYS 三丁目の夕日」のような「進歩」「理
性」といった大きな物語を共有できず，人間解放，理念の生成・発展と
いった近代的な正当化の物語が衰退し[3]，無数の小さな物語へと断片化
してしまった状況と言われる。人生設計という点から見れば，自由で選
択肢が多くなった反面，横並びの人生といった大きな物語に依拠できず，
自分の人生のために，自立的，積極的に自己アイデンティティの構築，
ないし再構築が必要とされ，自己責任のもとで自分の物語を紡ぐ必要に
迫られることになったのである。

（3）流動化する社会

　個人の人生設計に影響を与える第三の要因は，激しい流動化する社会
の様相にある。社会学者のバウマン（Bauman, Z.）は液状化した近代世
界を「リキッド・モダニティ」と呼び，そのような世界では，「ものご
との個体性は人間の絆の強さ同様，脅威と感じられがちで，考えてみれ

2　山田昌弘『希望格差社会』筑摩書房，2007，pp.90-91.

3　ジャン＝フランソワ・リオタール（小林康夫訳）『ポスト・モダンの条件－知・
　社会・言語ゲーム』水声社，1986，p.160.

ば忠誠を誓うことや（無期限はもちろんのこと）長期の関わりを約束することは将来にわたる義務を意味し，移動の自由が制限され，新しく未知なことに取り組む可能性が狭められ，（かならず訪れるはずの）機会を即座につかむことができなくなる」としている[4]。

　たとえば，キャリアにおいて大きな位置を占める仕事について考えてみよう。

　現在，雇用の形態は，正規雇用，非正規雇用の区分だけでなく，派遣，業務委託など多様化してきている。慢性的な人手不足と言われながら，一方で失業している者もおり，労働力への需要と供給は，細部においてミスマッチが生じている。また，働き方改革といった労働の合理化・時間短縮に対する動きや，デジタル化や自動化などの進展により省力化が進み，現在ある職業が人工知能の活用などで代替される可能性も高い。流動的で変化が激しい不透明な社会では，希望する職業に就くために準備や努力をしていても，将来の労働市場にその職業が存在するかどうかさえ予測不可能なのである。

　それでは，このような社会では，どのような人材が望まれるのだろうか。

　企業は，必要に応じて柔軟に労働力を投入しようと考えるため，不測な事態に対応できる能力と新たな任務に挑戦する意欲を持つ者を選抜し育成しようとする。一方，労働者側は，自らの判断で自己啓発することが求められ，生涯にわたって継続的に学習することが働く上での必須の要件となる。このような中でのキャリアの成功は，所属組織で付加価値を生み出し続けられ，労働市場での市場性が高く，必要に応じて他の組織へと転職可能であること，つまり「エンプロイアビリティ」と呼ばれる能力を持つことにある[5]。

4　ジグムント・バウマン（酒井邦秀訳）『リキッド・モダニティを読みとく』筑摩書房，2014，p.138.

5　山本寛『働く人のためのエンプロイアビリティ』創成社，2014，pp.1-5.

2．個別化するキャリア形成

（1）キャリア・パターンの崩壊

　社会が大きな物語を共有できた時代には，キャリアはパターン化されていた。マーケティングの言葉を借りれば，一定の属性ごとにマスカスタマイゼーションされたものであった。現在では，人々の人生やキャリアも，社会で等しく共有できた画一的なものから，パーソナライゼーションといった個人化されたものへと細分化されてきている。

　たとえば，学歴ごとにマスカスタマイゼーションされた人生が可能であった戦後日本の教育システムを振り返ってみよう。

　日本の教育システムは，ハーバード大学の研究員らによって「パイプライン・システム」と名付けられた。学歴に沿った学校システムは分岐のあるパイプとして表現され，生徒は異なる学歴のパイプの中を流れることによって自動的に学歴相応の職業に到達する。つまり，画一的な義務教育の後は，高校受験により分岐，その高校のランクによって就職，専門学校，大学進学に分けられ，さらには大学受験によって振り分けられ，就職先に至る。パイプライン・システムとは，このような学歴や学校歴によって枝分かれし，最終目的である就職先へとスムーズに流れていくシステムを意味する[6]。このような厳格な選抜と配分によって成立するパイプライン・システムは，子どもたちに将来の見通しと期待，そして過大な望みをあきらめさせる機能を果たしてきたという。つまり，学歴に見合った就職によって，人の人生設計は大方決まっていった。

　しかし，山田によれば，今の世の中は，このパイプラインの各所に亀裂ができ，そこから「漏れ」が生じているという。その漏れは，「大学院－大学教員」といった超高学歴ラインから，「高校－企業の正社員」と流れる高卒就職コースというラインまで，ほぼ例外なく起こっており，

6　ハーバード大学研究員ダニエル・ヤンミンとチャン・マイミンによる。引用は，山田昌弘『希望格差社会』筑摩書房，2007，pp.105-107.

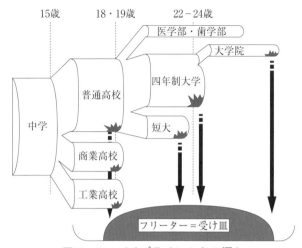

図13-1 パイプラインからの漏れ
出典：山田昌弘『希望格差社会』筑摩書房，2007，p.193.

その漏れの大きな受け皿が「フリーター」，いわゆる非正規雇用者ということになる（**図13-1**参照）[7]。

　つまり，どのパイプラインに入る選択をしたとしても，長期雇用や終身雇用を前提とする正規雇用への完全な保証はなく，そのパイプから漏れ出た時点で，新たに人生を再構成する必要が生じるということなのだ。

（2）早期決定・自己実現型キャリアの隘路

　たとえば，「大学－大学教育」のパイプラインを流れる研究者の例を見てみよう。研究者のパイプラインの漏れはどのように生じているのか。

　研究者の学術職への就職は，従来から高等教育をめぐる潜在的な課題であった。社会学者のウェーバー（Weber, M.）は，1919年に著した『職

業としての学問』で，学問を職業としようとする者の就職および昇進は，外的条件に左右され「僥倖」の下にあると述べている。

　確かに，いずれの時代にあっても研究者の学術職への就職は不安定なものであったのだが，過去を見れば，戦後，研究者になるパイプラインは一定の機能は果たしていた。大学－大学院修士課程－博士課程と進学する者は限られ，それゆえ，大学院を修了した者は，旧帝国大学，地方大学，私立大学，短大，高等専門学校など学術職内の格差はあったものの，多くは常勤の学術職に吸収され，就職することが可能であったからである。

　しかし，1990年代に入ると，常勤の研究者の就職口である学術職の数に対し，供給過剰となったポストドクター（博士号取得後，常勤職ではなく任期制の職にある者）が滞留する現象が顕著に見られるようになった。この供給過剰の理由は，大学院改革に伴う大学院の拡充により，博士課程修了者数が多くなったことが大きいが，同時に国立大学が大学法人化後，経営効率上，ポスト削減やポストの再配分などを考慮するようになり，既存の講座の定員の現状保持ができなくなったこと，そして私立大学も18歳人口減少に伴う経営問題に直面し採用を手控えたことで，就職口が減少したこともある。

　このような社会的背景を受けて，博士課程修了者の就職問題が早くから顕在化した理論物理学に焦点を当て，ポストドクターのキャリア形成の特徴や人材活用の方向性を検討することを目的に行われた研究成果を紹介する[8]。素粒子・原子核といった理論物理学のポストドクターが調査対象者として選ばれた理由は，古くは湯川秀樹，朝永振一郎など，ノーベル物理学賞を取った者が多い学術的な分野であること，基礎科学であり企業などの応用に直結しないこと，学術研究だけに年齢を経るにつれてキャリアパスが閉ざされる傾向があること，また，そのキャリアは

8　国立教育政策研究所『理系高学歴者のキャリア形成に関する実証的研究』（平成18-19年度）.

小学校，中学校などの比較的早期に自らによって決定・固定化され，常
勤学術職のポストが取得できない場合には柔軟なキャリア変更が困難で
問題がより深刻なこと，などにあった。

　たとえば，彼らの幼少期のエピソードを拾い上げると，非常に早い段
階から科学に関心を持っていることがわかる。

　「僕はほんとに小学校低学年ぐらいのときから，算数，理科が好きで，
逆に国語とか苦手でしたね。『ブラックホール』とか，こういう言葉を
聞くと神秘的な気持ちがして，どんなものだろうと思って，そのニュア
ンスを伝えてくれるような本はちょっと手にとって読んでみようかなと
いうのはありました」「小学校の頃からコンピュータとかは好きだった
んですよ。小学校の先生に『理系だね』と言われていたぐらいですから
ね」など，早い者では小学校低学年ごろから物理学者になることを夢見
るようになる。実際，科学が好きで成績も良いことから，教員，親，祖
父母，親戚などの他者も，理系の研究者になるとのイメージを共有して
いる[9]。

　このような者たちは，高い知的能力と目標に向けた弛まぬ努力により，
大学の理学部に入学，大学院へ進学し，研究者・科学者になるという一
直線の自己実現的キャリアを可能にしていく。しかし，博士号取得後に
あっては，常勤研究者の職の保証はなく，任期付きの研究職に就きなが
ら，ウェーバーの言う僥倖を求め常勤の職を探すことになる。

　物理の世界における学術職の労働市場は，1973年の新聞に書かれたコ
ラムによれば，「現在ではどんな小さな大学でも物理の助手を公募する
と，たちまちにして十数人の博士の学位を持つ候補者がおしかけてくる。
ひどい場合には，1つのポストに数十人という例さえきいている」[10]と

9　岩崎久美子・広瀬隆・藤田博康・別府明子「面接調査」，国立教育政策研究所
　編『理系高学歴者のキャリア形成に関する実証的研究報告書（Ⅰ）』平成19（2007）
　年8月／国立教育政策研究所キャリア発達研究会「ポストドクターへのセーフテ
　ィ・ネット」（岩崎久美子）『日本物理学会誌』62（11），2007.
10　小野周「博士浪人を考える」（朝日新聞　1973年3月28日夕刊）.

されたが，2000年代になってからは，小さな私立大学でも一つのポスト
に100人を超える応募がある[11]といった過酷なものとなっていった。

　当初は「何でもいいからこの分野をとにかく研究したい，少々冷や飯
を食ったって構わないといった覚悟があったし世間体みたいなことは気
にしなかった」というものの，「僕等は非常にハイリスクなことをやっ
ているんですよ。だって，このままいったら一生ポスドクです。定職が
なく定年を迎えちゃって，そういう危険と隣り合わせなんですね。35歳
過ぎるまでは，正直，あまりそういうのは真剣に考えなかった」「ドク
ターへ進むのは，ある意味，博打なんじゃないですかね。成功したとし
ても，その先にキャリアが待っているとは限らない」など，35歳といっ
た多くの公募の年齢上限を過ぎ経済的に不安定な状況となるころから，
将来への不安を口にするようになる。

　調査を行った者は，これらのポストドクターらは，研究者・科学者と
しての将来が保証されれば「理想的」とも言えるキャリア形成であるが，
一途なキャリア形成が就職をめぐっては一転してマイナス要因となり，
唯一の希望であり精神的な支えである研究に行き詰ったりすると，焦り
や抑うつ感が一気に顕在化し，精神的に追い込まれてしまうことを指摘
している[12]。

　ここで取り上げた理論物理学の研究者のキャリアは，揺るぎのない早
期決定型の自己実現を追求した結果である。そのキャリアは，能力に加
えストイックな努力と，高学歴取得を支持する安定した教育熱心な家庭
環境を背景に達成される。逆説的であるが，ポストドクターとして高齢
化する者は，研究費獲得に成功し，その段階まで研究が可能な環境を維

11　岩崎久美子「ポストドクター問題の背景」国立教育政策研究所・日本物理学会
　　キャリア支援センター編『ポストドクター問題−科学技術人材のキャリア形成と
　　展望』世界思想社，2009，p.28.
12　藤田博康「理系高学歴者のキャリア形成プロセスの特徴」国立教育政策研究
　　所・日本物理学会キャリア支援センター編『ポストドクター問題−科学技術人材
　　のキャリア形成と展望』世界思想社，2009，pp.111-112.

持できた，競争に勝ち抜いてきた者とも言える。しかし，このような研究者として理想的である，それまでの揺るぎのない自己実現型のキャリアが，逆にそれまでの迷いや悩みを経ず，困難な状況に直面し挫折や葛藤に折り合いをつける経験がないゆえに，常勤研究者として職がない状況にあっても，柔軟なキャリア変更を困難にするのである。

（3）柔軟なキャリア対応

　想定される将来社会が流動的で混沌としている中では，そのつど，社会の変化や状況に応じて臨機応変に動くことが肝要となる。たとえば，次のような話がある。

　ある米国人男性は，勤めていた会社が大企業に吸収合併された。しかし，その大企業は経理スキャンダルが明るみとなり破綻，不幸なことに失業に追い込まれた。そのため，妻の仕事に伴い米国からオーストラリアに移住し専業主夫となった。そのような生活の中で，オーストラリアの近隣地域で10代の若者の交通事故死が多いことに気付き，物理の法則とGPS（衛星利用測位システム）やGIS（地理情報システム）などのシステムデータを組み合わせ，ビジネススキルを生かして特許を取得，米国の大手保険会社に売却し資産を形成した。この男性は，「毎朝変わらず同じ仕事に向かう生活では，自分のキャリアについて戦略的に考えることは難しかっただろう」と語っている[13]。

　この例とともに現在の社会で成功できる人材に共通するものとして挙がっている言葉がある。それは，「超・柔軟性」という言葉である。「超・柔軟性」とは，柔軟な思考力やタフな精神力，ITや戦略を操る敏捷性など，さまざまな分野の要素を併せ持つ包括的な資質であり，変化に耐え，環境に応じて自らを変え，成長する能力とされる[14]。状況に応じて

13　デボラ・ポジソン／高木由美子「不安の時代を生き抜く働き方」*Newsweek*, April 18, 2012, p.40.

14　同書，p.44.

軌道修正をしながら，既存のものに執着しない「超・柔軟性」を持ち，自らの力で状況を改善しキャリアを形成していくということであろうか。

　このようなキャリア観は，米国の経営学者であるホール（Hall, D.T.）により，「プロティアン・キャリア」（protean career）と呼ばれている。プロティアンの語源は，ギリシャ神話のプロテウスにある。プロテウスが変身の能力を持っていたことから，プロティアン・キャリアとは，変化する社会に変幻自在に適応するキャリアを意味し，教育，訓練，いくつかの組織での仕事や転職などのさまざまな経験を個人が自己概念として統合，自分の価値観・興味・能力を把握，それらに基づいて自律的に形成するキャリアを指す。プロティアン・キャリアにおけるキーワードは，「アイデンティティ」と「アダプタビリティ」（適応力）の二つである。そして，そこで求められるキャリアの目標は，自己充足のための心理的成功であって物質的成功ではない[15]。しかし，このようなキャリア観にあっては，自己アイデンティティが強固な場合，人生の選択は容易であり自由は一定以上の価値を持つが，自己アイデンティティが脆弱な場合には，自由の中での複数のものからの自己選択は著しく不安で困難なものとなる。

3. 学び直しの必然性

　それでは，プロティアン・キャリアのような柔軟なキャリアを考える場合，どのようなことが必要であろうか。

（1）エンプロイアビィリティ獲得の主体

　まずは，雇用の確保という点では，労働市場において評価され，自分が望む職業に就くために，個人の雇用可能性，つまりエンプロイアビリ

15　ダグラス・ティム・ホール（尾川丈一／梶原真／藤井博／宮内正臣監訳）『プロティアン・キャリア－生涯を通じて生き続けるキャリア』プロセス・コンサルテーション，2015, pp.16-22.

ティを高めることが重要になる。しかし，このエンプロイアビリティ自体にも，パラドックスがあると言われる。

　一つ目のパラドックスは，柔軟性と自律である。企業で求められるのは，衰退分野から成長分野に移動して仕事ができるような柔軟性戦略に合致した人材である。欧米のような社会では，自律的で自己管理のできる者は業績は高いが，専門性を確立していることが多く，組織の事情に応じて配置転換に応じないことが多い。一方，わが国では，将来の幹部候補生は職種・部門をまわって選抜されるため，このパラドックスには陥らないことが多い。

　二つ目のパラドックスは，専門化と脱専門化である。専門知識や専門性が求められる一方で技術の陳腐化の進行も早いため，職務で求められるスキルのミスマッチが拡大する。専門化と脱専門化の間を状況に応じ柔軟に「移動」できることがキャリアとして求められる[16]。

　ここでもエンプロイアビリティを高めるために重要とされているのは，二つのパラドックスを統合できるような柔軟性なのである。

　また，訓練ニーズが高いとされる人々には，次のような特徴があることが指摘されている。

①独立的職種や自営業指向の職業人は，早くから明瞭な訓練ニーズを形成する傾向がある。

②男性の方が女性よりも職業アスピレーションが具体的かつ強力である。

③学歴別アスピレーションの格差ともとれるが，基幹要員は一般社員に比べて仕事中心的な訓練ニーズが強い。

④訓練ニーズは世代によって変化し，青壮年期には仕事遂行上の訓練ニーズが多く，初老期には高齢期に向けた生活設計のためのニーズが中心となる[17]。

16　山本寛『働く人のためのエンプロイアビリティ』創成社，2014，pp.7-8.
17　尾高煌之助『企業内教育の時代』岩波書店，1993，p.125.

　このように，個人のキャリアを柔軟に考える上では，学習や職業に対する訓練ニーズを意識し，自ら自己啓発できる力が求められていると言えよう。

（2）自己実現と労働市場との調整

　これまで議論してきた観点から，学習や職業訓練をあらためて考えてみたい。その際，踏まえておかなければならないのは，近年，「社会人の学び直し」という言葉が登場した背景にある社会の構造変化である。

　わが国の生涯学習の特徴は，産業界では職業訓練，教育界では教養主義的[18]と言われてきた。そして，産業界における職業訓練は，主に企業内教育を通じて行われ，市民生活や家庭生活に必要な学習や成人の学習要求は，社会教育といった受け皿によって吸収されてきたとされる[19]。

　しかし，この構図は1990年代を境に変化する。1990年代に入ると，グローバル化に伴う国際競争の激化や労働力人口の高齢化により，大量の新規採用や子会社への出向が困難となり，わが国でも中・高年層を中心に人員整理が行われるようになった。

　企業内の高度に整備された自己完結的な教育訓練システムである企業内教育といった閉じられた教育システムは，実はピラミッド型の年齢・学歴構成からなる労働力構造と高度経済成長下における企業規模の拡大に基づく終身雇用制や年功序列制とセットであった[20]。経済の減速とともに企業側も，費用削減のために人材育成費を効率的に使いたいとの意識が強くなり，企業内における閉じられた生涯教育が維持できなくなっていった。企業内教育が十分に提供できなくなると同時に，変化の激しい分野においては従来のようなOJTによる能力開発には限界があり，社内だけで高度で専門的な知識を持つ人材を育成することは難しいとの

18　市川昭午『生涯教育の理論と構造』教育開発研究所，1981，pp.178-179.

19　天野郁夫「生涯学習とリカレント教育」市川昭午・潮木守一『生涯学習への道』（教育学講座第21巻）学習研究社，1979，pp.65-66.

20　市川昭午，前掲書，pp.190-193.

認識により，外部の教育機関を利用し，自己啓発を尊重した能力開発に高い期待を寄せる企業が増えることになった[21]。

そのため，自律する職業人や「エンプロイアビリティ」などの言葉によって，個人が自分の意志と責任によって自己啓発することが求められるようになったのである。社会人の学び直しという言葉は，これらの状況の延長線上に登場したものである。終身雇用制や年功序列制という雇用慣行の変化に伴い，企業内教育が十分機能しないようになると，それまでばらばらに拡充されてきた企業内教育，社会教育，学校教育が新たな状況に対応する態勢の構築に迫られる[22]からである。

つまり，社会人の学び直しとは，企業内教育の代替として，職業人個人による職業訓練や再教育などを意図した言葉である。このように労働市場で雇用され，自己啓発が可能な職業人の資質・能力を育成するため，学校教育においても，仕事に就くための基礎的・汎用的能力として，「人間関係形成・社会形成能力」「自己理解・自己管理能力」「課題対応能力」「キャリア・プランニング能力」などがキャリア教育の指標として策定され[23]，実施されるようになってきている。

（3）海図なき時代のキャリア

変動する社会にあっては，一つの企業や組織内部にとどまるキャリアではなく，自律的に自己成長しながら，技術の変化に伴い柔軟に移動，企業組織の枠を超えて外部とつながり，経験を広げ，キャリアを開発するといった考え方も出現してきている。このようなキャリア観は，バウンダリーレス・キャリアと呼ばれるものである[24]。バウンダリーレス・キャリアとは，雇用につながる人脈を増やし，社会関係資本を蓄積する

21 樋口美雄・川出真清「個人のキャリア支援とリカレント教育」 伊東隆敏・西村和雄編『教育改革の経済学』日本経済新聞社，2003，pp.189-190.

22 市川昭午『生涯教育の理論と構造』教育開発研究所，1981，pp.192-193.

23 国立教育政策研究所生徒指導研究センター「職業観・勤労観をはぐくむ学習プログラムの枠組み（例）」2002（平成14年）.

ことを志向するものである。職につながるのは，グラノヴェッター（Granovetter, M.）の「弱い紐帯の仮説」によれば，まれにしか会わない人からの有益な就職情報などである。そして，このようなまれにしか会わない人からなる弱い紐帯は，集団の成員相互が知り合いである密度の高い集団間を「橋渡し」する傾向があり[25]，転職などの場合には有益なものとされる。

　人脈といった社会関係資本は，地位形成にも重要な要因となる。たとえば，英国の社会学者は，これからの階級は，経済資本（所得，貯蓄，住宅資産），文化資本（学歴，趣味，教養），そして社会関係資本（人脈）によって規定されるとする。

　この考えによれば，階級とは，すべての資本を一定以上多く持つ「エリート」（6％），エリートの次に三つの資本が多い「確立した中流階級」（25％），比較的裕福で社会関係資本が少ない「技術系中流階級」（6％），比較的裕福で文化資本が少ない「新富裕労働者」（15％），三つの資本のどれも少ないがバランスが良い「伝統的労働者階級」（14％），若く貧しく経済資本は少ないが残りの二つの資本は豊かである「新興サービス労働者」（19％），すべての資本に恵まれない「プレカリアート」（15％）の七つに類型化される[26]。エリートや確立した中流に属す上位約3割の層は，経済資本，文化資本，社会関係資本のすべてがあり，その総量が多いのである。

　この点から考えれば，バウンダリーレス・キャリアで主眼とされている人脈などの社会関係資本は，キャリアの展開のみならず，地位形成に

24　Michael B. Arthur & Denise M. Rousseau, *The Boundaryless Career: A New Employment Principle for a New Organizational Era*, Oxford University Press USA, 1996.

25　渡辺深「訳者あとがき」マーク・グラノヴェッター．（渡辺深訳）『転職－ネットワークとキャリアの研究』ミネルヴァ書房，1998，pp.281-292

26　マイク・サヴィジ（舩山むつみ訳）『7つの階級：英国階級調査報告』東洋経済新報社，2019，pp.152-163.

おいても大きな決定要因の一つとされているようである。

　このように，社会的な動きを見れば，企業に就職し，自分の人生を企業に委ね，企業内教育によって職業訓練や自己啓発を行うことから，自分で柔軟なキャリアを考え，そのつどつどの状況を乗り越えるために，自ら必要な学習を行い，個人で情報や職につながる人脈づくりを行うことに今や重点がシフトしているように感じられる。プロティアン・キャリアやバウンダリーレス・キャリアといった現代のキャリア観の背景には，キャリアの主体が組織から個人へと大きく変化している実態があるのであろう。

　しかし，このようなキャリア観はかなり強者の論理に則っているようにも感じられる。雇用を確保し維持する必要性に迫られ，本当の意味で学び直しが必要な人々は，情報もなく，日々の生活に追われ，学習の場面から取り残されているかもしれない。実際，キャリア・ガイダンスにかかわる人々の目は，競争主義や達成主義的な価値観へ順応できずにこぼれ落ちていく人々に対する積極的支援を求める考え方に向けられ始めてきている[27]。今後は，成人になってからの自己啓発や継続学習を個人に委ねることの限界や，社会人の学び直しとされる学習の機会において社会的に不利益を被っている人々の社会的包摂をどうするかといった観点が，ますます社会において重要なテーマとなっていくことが予見されるのである。

27　下村英雄『キャリア教育の心理学』東海教育研究所，2009，pp.198-199.

参考文献

山田昌弘『希望格差社会』筑摩書房，2007

下村英雄『キャリア教育の心理学』東海教育研究所，2009

ジグムント・バウマン（酒井邦秀訳）『リキッド・モダニティを読みとく』筑摩書房，
　2014

山本寛『働く人のためのエンプロイアビリティ』創成社，2014

マイク・サヴィジ（舩山むつみ訳）『7つの階級：英国階級調査報告』東洋経済新
　報社，2019

【学習課題】

1．個人の人生設計やその展望に影響を与える社会的な変化の要因を挙
　げてみよう。

2．「学び直し」とされる学習が個人に要請されてきている理由を考え
　てみよう。

3．「就職や転職において，まれにしか会わない人との関係が有益であ
　る」という説に対して自分の意見を述べてみよう。

14 | 流動化社会における社会化と逸脱

岩永雅也

《目標＆ポイント》 教育の本質的な要素である「社会化」と「規範」に注目し，流動性が著しく高まった今日の社会においてそれらがどのように機能しているのか，その機能はどう変化しているのかを，教育に焦点を当てながら検討する。さらに，そうした社会化が十全に進まなかった場合に生じる社会化不全について，とりわけ学校における問題行動の現状に注目して考察する。
《キーワード》 流動化社会，知識基盤社会，情報社会，アトム化，社会化，規範，同調，逸脱，学校における問題行動

1. 流動化する社会と個人

（1）情報化が進展する現代社会

　現代の日本は，価値，目的，指向性，生きることの意義等々，さまざまな意味で固定的でない，流動性の高い社会である。流動性の著しく高まった社会（流動化社会）においては，固定的でないこと，流動的であることそれ自体が価値を持つ。それは，今日の日本社会が「知識基盤社会」であることと強く関わっている。知識基盤社会は，1990年代以降，日本でも頻繁に言及されるようになった概念である。教育の分野では，とりわけ平成17（2005）年の中央教育審議会答申「我が国の高等教育の将来像」において明示されてから，時代を表現する中心的な概念となった[1]。すでに1960年代には，ダニエル・ベルやポール・ドラッカーらに

1　平成17年1月の中央教育審議会答申で初めて，「21世紀は，新しい知識・情報・技術が政治・経済・文化をはじめ社会のあらゆる領域での活動の基盤として飛躍的に重要性を増す，いわゆる『知識基盤社会』（knowledge-based society）の時代であると言われる。」と公的に明記された（中教審答申「我が国の高等教育の将来像」（2005）p.1）。

よって，産業社会後の新たな社会体制として「知識社会」の概念が示されていた。彼らによれば，知識社会とは知識が物的な財や資本に代わって政治・経済・社会の発展を駆動する基本的な要素となるような社会である[2]。

　一方，物的財に代わって情報が社会活動の中心的な役割を果たす「情報社会」という表現も，コンピュータが急速に発達し普及した1980年代以降，しきりに用いられるようになった。情報社会では，所有物や生産物の使用価値そのものよりも，それをめぐる情報が価値の源泉となる。ポスト産業社会の特性を非物質的な要素の優位性から示しその流動性を指摘した点では，知識社会論も情報社会論もともに共通しているといえる。しかし大きな相違点もある。その違いは，知識が単なる個別の情報そのものではなく，体系化された情報の集合体であることに基づいている。特に知識基盤社会という場合には，集積された情報である知識をもとに新たな情報を獲得し体系化する方法とその学習，あるいは実社会への知識の応用といった広範な活動が強調される。

　先に挙げた平成17（2005）年の中教審答申では，物的生産に基盤を置く旧来の産業社会と比較して，そうした知識基盤社会が，①知識には国境がないためによりグローバル化が進む，②技術革新やパラダイムの転換がより頻繁に起こり，それ故競争も広範かつ活発になる，③従来の生産概念の枠を超え，性別，年齢にこだわらない広範な層の生産への参加が促進される，といった顕著な特性を持つことが指摘され，人々の知的活動が最大の資源である日本にとっては，科学技術の振興と教育こそが最も重要な国家戦略であることが示されたのである[3]。

2　D・ベル『イデオロギーの終焉』(1965) およびP・ドラッカー『断絶の時代』(1969) の "knowledge society" に関する記述。ドラッカーは，「知識が中心的な資本，費用，資源となった。」と端的に指摘している（ドラッカー (1969) p.2)。
3　中教審答申「我が国の高等教育の将来像」p.1。従来から科学と教育を重んじてきた日本社会にあって，あえてこうした主張が公的になされた背景には，物質的豊かさが知的豊かさよりも重視されがちな実社会の現実があった。

（2）アトム化する個人

　知識基盤社会が前提とする社会の情報化は，社会生活におけるメディア（マスメディア）の重要度の増大と並行して進展してきたといってよい。現代社会は，情報の主たる発信源であるメディアの影響が非常に強い社会である。それは，大衆化が進んだ今日の社会が，「個人のアトム化」という必然的な特徴を強く持っているからである。

　大衆化の進んだ現代社会は，同時にまた産業化が高度に進展した社会でもある。それは，高度の産業化が大衆化の直接的な原因となるからである。資本主義的な生産構造は，利益の最大化を目的としているため，大量生産と大量消費を常に求める。大量消費は，個人主義的イデオロギーの力を借りつつ，伝統的な共同体的統制からまず家族（家計）を独立させ（家計の独立），その後に個人を解放することで達成された。たとえば，かつて集落に1台だけ設置されていた電話が「向こう三軒両隣」に1台となり，やがて全戸に普及し，そして家族構成員のそれぞれが個人の携帯電話（スマホ）を所有するようになる，という流れの中にそうした市場変化の一つの典型を見ることができる。テレビ受像機の普及，PC の普及なども全く同じ経過を辿っている。

　主に大量生産・大量消費という経済的な要請によるこうした「個人の消費単位化」は，一方で，個人が家族も含めた他者との連帯の機会を次第に失っていくという状況を生んだ[4]。個人の「アトム化（原子化）」の進展である。アトム化した個人には，それ以前の伝統的な人間関係の中にあった人々と比べ，共同体的な人間関係に乏しく，同族意識を持ちにくいという特徴がある。もちろん，どんな場合も他者とのつながりの全くない生活をすることはできないが，現代人の社会的つながりの大半は，組織的，経済的な利害関係など，合目的的につくられた人間関係からなっていて，単に情緒的な結合は限定的にしか存在しない。また，直

4　たとえば，銭湯から内湯へ，集落総出の稲刈りから家ごとのコンバイン作業へ，大衆演芸や映画館からテレビ，ビデオ，ネット配信へというように，生活のさまざまな局面で他者との連帯機会が失われた。コロナ禍はそれに拍車をかけた。

接それに起因することであるが，現代人は基本的かつ絶対的な自己意識（アイデンティティ）を持たない。一般に最も強力な絶対的自己意識は，血統と宗教を根底に持つものであるが，そのどちらも，企業（社員）や国家（国民）など，後発的で合目的的な組織によるものに取って代わられている。そのことが，精神的な側面で，明確な規範（後述）を自己の内部に持っているという内部指向性が弱く，規範を他者との関係で柔軟に変化させ適応していくという他人指向性が強いという特性を生む[5]。その結果，身近なところに強力な規範を求めず，自分の属する小集団に明確なリーダーシップがあることを好まず，大衆的情報手段つまりメディアの影響を受けやすく，国民全体に共通するような象徴的なエリート（場合によってはカリスマ）に共感してその権威を受け入れやすい，というアトム化した個人特有の性格を持つにいたるのである。

　ところで，第1章で見たように，それが行われる場が学校であるか家庭であるかを問わず，教育の主要な目的は対象である子どもたちの社会化である。簡潔に言うならば，社会化とは，子どもたちをその属する社会の構成員として相応しい能力，態度，意識を持った人間となるようその社会の文化体系を内面化することである。個人のアトム化は，そうした社会化を阻害する要因ともなり得る。今日の教育は，子どもたちをアトム化しようとする圧力と日常的に戦わなければならないという課題を宿命的に負わされている。とりわけ学校は，アトム化の強い圧力を避けられないという前提に立った上で，常に従来と同様の集団的な教育効果

5　内部指向と他人指向は，ともにアメリカの社会学者リースマン（Riesman, D.）の用いた概念である。その著『孤独な群衆』の中で，彼は人間の性格類型を「伝統指向型」「内部指向型」「他人指向型」の三つに分類した。そのうち，「内部指向型」は，道徳や絶対理性のような権威ある価値を内面化して行動するタイプを指し，「他人指向型」は，中心的価値よりも周囲の他者の期待に従って行動する同調性の高いタイプを指す。現代人に顕著な後者では，自分自身の行動規範が内部に形成されにくいため，アイデンティティが拡散して自分を見失うことにもなる。それが彼の言う「孤独な群衆」である。

を求められるという厳しい状況に置かれることになるのである。

2. 社会化と規範

（1）文化と規範

　一つ一つの社会ごとに特有の文化体系には[6]，重要にして基本的な要素である「規範」がある。現代日本社会の文化体系にも，もちろん規範の要素は備わっている。規範は，一つの社会の構成員を統制する有形無形のルールである。

　人間は本来的に利己的な存在で，自分やその属する集団（家族，仲間，共同体など）の利益を他者の利益に優先しようとする。しかし人間は同時に類的存在でもあって，ある程度利己心を抑制しつつ，より大きな集団や社会全体の秩序と正義を守ることにも同調する。それは，人間がその集団や社会において広く承認されている規範に従って行動するからである。規範とは，一つの社会で広く承認された文化的価値あるいは正義を人々が関わる個々の状況の中に実現するため，「してはいけないこと」「すべきこと」あるいは「あるべき状態」などとして示される行動や態度，状態の基準である。人々がそれに従った行動や態度をとることにより，合意された目標としての価値あるいは正義がその社会に実現されることになるのである。もちろん，規範の根底にある正義は社会の違いによって一様ではないため，社会の数だけ規範の体系が存在することになる。

　ところで，本来利己的な人々が他者と調和するためには，大なり小なり自らの快楽や利益の一部を放棄することが求められる。したがって，規範は基本的に禁止や抑制としての性格を持つ。それ故，規範の許す範囲内で行動することは本来的に不快感を伴うものであって，ただ規範が存在するというだけでは，誰もそれを守ろうとせず，それに沿った社会秩序の実現も困難となる。そこで，規範を意味のあるものとする一つの

6　ここでは文化の体系を，アメリカの文化人類学者リントン（Linton, R.）に倣って，「社会ごとに特有の行動様式とその諸結果との総合体」だと捉えておく。

要素としてサンクション（制裁）が求められる。サンクションとは，規範を守らなかった者への罰と守った者への報償とからなる正負の制裁の体系である。一般に法律は規範を遵守させるための刑罰とそれを行使する警察力を伴うことではじめて意味のある規範となるが，それにも増して重要なもう一つの要素は，規範の内面化である。規範の内面化とは，単に言葉としての規範（法律や取り決め）を記憶させることではなく，その規範を遵守することを好感し，守らないことに不快感を抱くような心理機制を人々の内面に作り上げることである。規範の内面化は，ある集団への新規参入者（子どもや移住者など）に対する社会化の不可欠な要素である。

　規範が内面化された状態，あるいはその規範に同調した行動をとろうとする意思を規範意識と呼ぶ。換言すれば，規範意識は「決まりを守ろうとする意識」「遵法精神」などと表現することもできる。日本では，第一次小泉内閣発足（2001年）から教育基本法改正（2006年）にかけて，道徳教育重視の政治姿勢が強まり，「決まりを守れる」子どもたちを育成するという基本理念のもと，子どもたちの規範意識が弱体化している現状を認識した上で，それへの対策を具体的に講じることとなった。例えば，2007年の学校教育法改正では，第21条の普通教育の目標中に「自主自律の精神」「公正な判断力」等と並んで「規範意識」に対する指導も加えられることとされている。

（2）規範への同調と逸脱

　現代社会に生きるわれわれ成人は，目に見える力によって指導や強制を受けていないにもかかわらず，一定程度自らの欲求を抑制し，葛藤を避けつつ，社会の他者や集団と調和している。それは，われわれの大半が，この社会において正当性を認められている仕組みや決まりに自発的

に同調しているからである。同調とは，簡単にいえば，文化とその内容の重要な部分を占める規範とに則した態度および行動をとることである。

　一定の秩序が保たれている安定した社会では，人々が概ね規範に従って行動している。しかし，規範に従うといっても，その様態はさまざまである。例えば，本心では納得していないにもかかわらず表面を繕って従っている人（面従腹背）もいれば，ある規範に心酔して必要以上にそれに沿った行動をとる人（過剰適応）もいる。もちろん規範を合理的に受け入れ，過不足なくそれに従った行動をする人（狭義の同調）も多い。つまり，すべての同調者が同じ態度で規範に従っているのではないということである。それら多様なレベルの同調者を含め，大多数の人々が規範に同調することで多くの社会集団は成り立ち，秩序と連帯（少なくともその形）が維持されているのである。

　一方，集団に広く受け入れられた規範に対する違反が逸脱である。秩序だった集団における規範は，通常，サンクションと規範の内面化により構成員によって遵守されているが，ある条件のもとにある一部の構成員は，規範を守らずに逸脱へと向かう。そうした逸脱が発生する条件や要因に関しては，これまでに次のような考え方が示されてきた。

① 逸脱者には生まれつきの，あるいは内的な要因がある。→生得説
② 人は統制されることによって規範的でいられるが，何らかの理由で統制の機能が損なわれた場合に逸脱が起こる。→社会的統制の弛緩，パニック
③ 一方で欲求を高められながら，他方でその達成のための手段が制限された場合，その欲求不満を解消するために逸脱行動が生じる。→地位達成不満，フラストレーション
④ 逸脱行為を許容する文化を学習することによって逸脱に共感する

パーソナリティを獲得した者が逸脱に向かう。→逸脱文化の学習，集団化と情報化

⑤　人間は日常的に，「他者への愛着」，「同調：過去の社会的投資を失うことへの怖れ」，「日常的な活動への取り込み」そして「規範遵守を正しいと教え込まれた信念」によって他者や社会集団とつながり，その規範を守っているが，その全体ないし部分が失われることで逸脱へと向かうようになる。→社会的紐帯（ソーシャル・ボンド）の喪失

⑥　集団は，その秩序維持のため恒に一定量の逸脱を必要とし，場合によっては自ら逸脱を作り出す機能も持つ。→ラベリング

　実際に個々の逸脱行動の要因を見ると，例えば③＋④＋⑥といったように複合的であって，単一の要因論だけでは説明することができない場合も少なくないが，いずれにせよ，こうした背景・要因があって現実の逸脱は発生すると考えられているのである[7]。

3. 逸脱と学校教育

（1）逸脱の現状－少年非行を中心に－

　ここからは，特に教育の現場に関わる学齢期の少年の逸脱について，その現状を見ていくことにしよう。過去十年ほどの間，メディア等における少年の犯罪や非行に関する報道が少なくなったという印象を受ける。実際のところはどうなのだろうか。量的に見て，以前よりも少年の犯罪や非行は減少しているのだろうか。

　図14-1に示したのは，法務省が毎年公表している刑法犯少年（暴走行為に関わる危険運転致死傷・過失運転致死傷等も含む）の検挙人員と人口比（人口10万人あたり）の推移に関するデータである。このうち，人口比のデータを見ると，戦後四つのピーク（1950年・70年・81年・

7　逸脱原因論の詳細は，鮎川潤『少年非行－社会はどう処遇しているか』（2014）を参照されたい。

2003年）を経て，比率が急速に減りつつある局面にあることがわかる。こうした山と谷が交互に繰り返される構造からは，低い規範意識の親からその子へという世代間伝達の可能性や，あるいは，社会経済的状況や文化的背景の波の上下によって逸脱が増加したり減少したりする傾向を推測することができる。また，少年の犯罪行為の絶対数が減少している一方で，1950年代後半から50年以上も続いていた「少年犯罪人口比＞成人犯罪人口比」という関係が，近年逆転していることにも注目すべきであろう。成人犯罪人口比が少年犯罪人口比を下回っているということは，少年期の犯罪者の一部が成人後には犯罪から手を引くということを示しているが，それが逆転したということは，数の上では少年犯罪者数以上の成人犯罪者が生み出されているということを示している。

　一方，量的な部分では減少したとしても，メディアの報道などで印象づけられる限りにおいては，悪質化が進行しているように思われるかもしれない。しかし，質的に見ても，殺人や強盗，強姦といった凶悪犯，

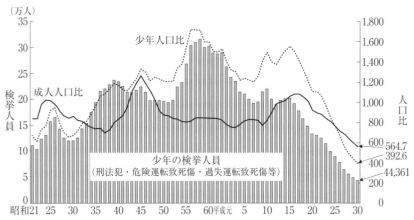

図14-1　少年による刑法犯等検挙人員・人口比の推移（1946年～2018年）
出典：法務省『犯罪白書』（平成30年版）より。

あるいは暴行，傷害などの粗暴犯は近年減少し，他方，知能犯，風俗犯などが横ばいあるいは微増の傾向を示していることから，全体としてはむしろ第四のピーク時のような悪質化とは逆の傾向を示していると考えるのが妥当であろう。ただ，年齢別に見た場合，17-19歳の層と14-16歳の層がほぼ同じ検挙数で推移しているのに対し，「触法少年（刑法）」と呼ばれる 8 -13歳の層が近年上昇傾向にあることも指摘され，問題視されているところである。

（ 2 ） 学校教育を巡る問題状況

　文部科学省は，毎年度「児童生徒の問題行動・不登校等生徒指導上の諸課題に関する調査」と題する調査報告を行っている。そこに学校における問題行動として挙げられているのは，「暴力行為」「いじめ」「不登校」「高校中途退学」「自殺」の 5 項目であるが，それ以外にも，文部科学省が言葉の一人歩きを警戒して用語として使わないため，正確な全国調査も十分になされてこなかった「学級崩壊」「授業不成立」なども現象として存在することは間違いないが，ここでは調査報告の項目の一部に限って，大まかな量的状況とその推移を見ていくことにしたい。

　まず，暴力行為について見よう。学校内の暴力行為の件数を1983年度からの推移で学校種ごとに見たのが**図14－2**である。これを見ると，最も多いのが小学校で，2018年度に34,867件の暴力事件が起こっていることがわかる。量的には全体の過半，50.1％にあたる。かつて最も多かった中学校がそれに次ぐ28,089件である。それに対し，高校生の学校内暴力事件はかなり少なく，また増加もしていない。その理由としては，もちろん，年齢とともに規範を内面化できた生徒が増えてくることもあり，また，高校生になると校内での人間関係や学校との関わりを小中学生ほど重視しなくなる（逆に言えば，小中学生はまだ学校への依存性が強い）

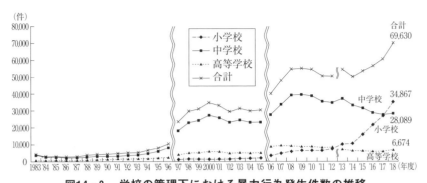

図14-2　学校の管理下における暴力行為発生件数の推移

出典：文部科学省『児童生徒の問題行動・不登校等生徒指導上の諸課題に関する調査（2018年)』より。

からともいえるが，それ以上に高校でのサンクション，つまり退学や停学を生徒が意識（内面化）していることが大きいと思われる。

　このように，データからは小学校での発生件数がきわだって多いことが見てとれるが，さらにその数が近年急増傾向にあることにも注目すべきだろう。2012年度の前後から増加に転じ，18年度には前述のとおり34,867件に達している。この値は，12年度の4.6倍，公式に小学校でも調査を始めた1997年度（1,304人）の実に26.7倍にあたる。今後の中学，高校段階への影響を考えると，決して看過すべき状況ではない。

　次に「いじめ」について見よう。いじめは定義が難しい概念であり，認定のための現象を見る統一された基準も明確に定まっていないのが現状である。したがって，文部科学省が発表する数値は，各都道府県，市町村における現場の学校が「いじめと認知した」事案の件数を文部科学省に報告し，それを集計したものであって，統一的な基準で「いじめと認定された」事案の件数計ではないというところに注意する必要がある。つまり，いじめの認知には個々の学校の判断が関わっており，統計の取

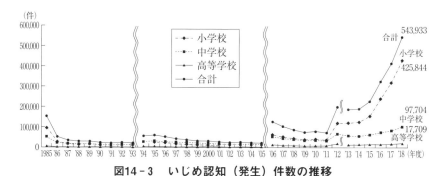

図14－3　いじめ認知（発生）件数の推移

出典：文部科学省『児童生徒の問題行動・不登校等生徒指導上の諸課題に関する調査（2018年）』より。

り方に内在する問題も無視できないということである。また，集計方法の変化による数値の上下も大きい。それを前提として**図14－3**を見ると，2006年度と12年度に集計方法の変更があり，また，福岡県や長崎県で全国的に報じられたいじめ自殺事件があったこともあって，数値が急増したことがわかる。その後は同水準で数年間推移していたが，2015年からは特に小学校で再び急増した。そこにも，小学校における新たな「いじめ自殺事件」の影響を見ることができる。

　最後に不登校を見よう。かつては登校拒否と呼ばれていた不登校も，いじめ同様，厳密には定義の難しい概念であるが，文科省や各教育委員会等では，便宜的に，病休を除く年間30日以上の欠席をもってその基準としている。**図14－4**によれば，不登校児童生徒は2001年度まで継続して増加の傾向を示し，その後10年あまり増減は見られなかったものの，過去数年間は再び増加の傾向にあることがわかる。数値上は，2018年度現在，中学生では1,000人あたり36.5人，小学生では1,000人あたり7.0人が不登校状態にあると見なされている。割合でいえば，中学生では27.4人に1人（ほぼ1クラスに1〜2人），小学生では142.9人に1人（ほぼ

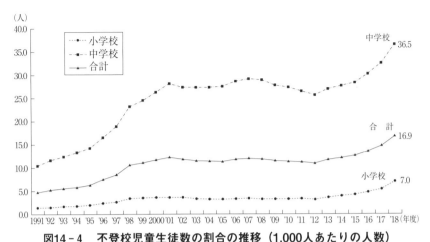

図14-4　不登校児童生徒数の割合の推移（1,000人あたりの人数）

出典：文部科学省『児童生徒の問題行動・不登校等生徒指導上の諸課題に関する調査（2016年）』より。

1校に1〜3人）が不登校ということになる。特に中学生では決して小さな数とはいえない。

　その背景には，確かに人間関係の稀薄化によるクラス内での疎外感の増幅，という心理的要因もあるに違いないが，それだけでなく，新自由主義的教育政策が優勢となる中で，「いやなら学校など行かなくてもいいだろう」あるいは「学校へ行かない自由も尊重されるべきだ」という，いわば学校を絶対視しない文化的潮流があることも事実である。フリースクールも大都市圏を中心に増加しており，欧米諸国ほどではないにしろ，確たる市民権を得つつある。不登校に関しては，もはや「問題行動」としてではなく，教育の一つの形として合理的に見ていく時期に来ているということもできるだろう。

参考文献

鮎川潤『少年非行 − 社会はどう処遇しているか』左右社，2014
文部科学省「児童生徒の問題行動・不登校等生徒指導上の諸課題に関する調査」
　（2018年）
矢島正見・丸秀康・山本功編『よくわかる犯罪社会学入門』学陽書房，2004
山本功『逸脱と社会問題の構築』学陽書房，2014
デイヴィッド・リースマン／加藤秀俊訳『孤独な群衆（上）《始まりの本》』みすず
　書房，2013

【学習課題】

1．現代日本社会が流動的である具体的な状況について，身近な事象を
　例にとりながらその流動性について考えてみよう。
2．身の回りの規範について，目に見える（成文化された）ものと目に
　見えない（文章の形になっていない）ものを類別し，それぞれの特徴
　をあげながら考えてみよう。
3．参考文献や各種の報道内容などを基に，現代の学校におけるいじめ
　という事象の意味や内容，あるいはそれが学校教育の現場で生じる要
　因について考えてみよう。

15 | 現代日本の教育課題

小川正人／岩永雅也

《目標＆ポイント》 日本社会は，1990年代以降，高度知識情報社会に移行するとともに，人工知能（AI）等による生産技術の発展で，産業・就業構造が高度化，流動化している。かつて「日本型成功モデル」と称された製造業を基盤とした企業・学校・家庭の三位一体の生活保障システムが，その産業・就業構造の変化の下で揺らいでおり，若年・青年層の不安定雇用と「子どもの貧困」の問題を顕在化させている。近年のコロナ感染症禍がそれら問題をいっそう深刻にしている。また，人口減少を背景にした少子化，過疎過密化の加速による地域間格差等も広がっている。しかし，負の条件ばかりではない。高度に発達した科学技術とインフラにより，新しく効果的かつ合理的な教育の可能性も高まっている。そうした日本社会の変動が教育や学校の在り方にどのような影響を及ぼしているかを見ながら，直面する現代日本の教育課題を考えていく。

《キーワード》 高度知識情報社会，新学力，日本型成功モデル，子どもの貧困，教育格差，人口減少社会，児童生徒数の減少，学校統廃合，小規模校

1. 日本社会が直面する課題

（1）ポスト近代社会の労働とスキル—新学力の社会経済的背景と論点

1980年代までの日本社会は，耐久消費財の大量生産に象徴されるように，標準化，規格化された労働作業の効率化を通して経済の成長・発展を図る社会であった。そうした近代社会の主流の仕事形態は定型手仕事や定型認識作業であり，求められる能力は標準化された知識・技能であ

った。それに対して，1990年代に突入したポスト近代社会は，経済の情報化，サービス化が進み，人々の多様で個別的なニーズに応える高付加価値をもった商品や情報，サービスを提供する高度知識情報社会である。その主流の仕事形態は，非定型分析業務や非定型相互業務となり，人々の多様で個別的なニーズに応える付加価値を生み出す能力が求められることになる（**表15-1**：池永 2009, p.79）。即ち，旧来の産業・生産において主流であった機械的・定型的な（マニュアル化された）仕事は人工知能等で担われるようになり，勤労者には人工知能等では出来ない非定型的（マニュアル化されない）で付加価値を生み出す創造的労働と社会変化に対応する汎用型能力が求められるようになる。井上（2016）は，コンピュータ，汎用型人工知能に代替できない人間に求められる能力として，創造性（クリエイティビティ），経営・管理（マネージメント），もてなし（ホスピタリティ）を挙げている。実際，日本では，1980年代以降，就業人口でも国内総生産でも広い意味でのサービス産業の構成比が約80%となっており，その質とレベルが異なることがあっても，どの

表15-1　仕事（業務）分類の5類型

カテゴリー	仕事（業務の例）
定型手仕事（単純手作業）	製造業
非定型手仕事（非単純手作業）	サービス，美容，輸送機械の運転，修理・修復
定型認識（単純知的作業）	一般事務，会計事務，検査，監視
非定型分析（非単純分析的作業）	研究，調査，設計
非定型相互（非単純相互作用的作業）	法務，経営・管理，コンサルティング，教育，アート，営業

出典：池永肇藪（2009）「労働市場の二極化」『日本労働力研究雑誌』（584号）より。

ようなサービス分野の職業においても，対人関係能力や社会的知といえる社会関係力が求められる。そのスキルと人的資本の質を高め生産性を向上することが課題であると指摘されているのである（森川 2016）。

　以上のように，旧来の製造業を中核とした大量生産型社会から，IT，情報，金融，流通等を基盤とする第三次産業—高度知識情報社会への移行が，求められる労働能力にも大きな変化を生じさせており，学校で育成すべきとされる学力・資質の有様にも大きな影響を及ぼしている。

　新学力（キーコンピテンシーの概念を含めた）の考え方に対しては，日本では，概ね，国の推し進める政策として肯定的に受け止められているが，疑問や批判の声もないわけでない。例えば，新学力観は，知識や技能という認知的学力だけでなく，人間の人格の深部までをカバーする意欲や態度，価値観など非認知的能力・学力を含んで育成や評価の対象としている点をハイパー・メリトクラシー，能力主義の新バージョンであるとして批判する指摘もある（本田 2005）。事実，日本の企業，経済界では，1990年代以降，労働現場に必要とされる新たな資質・能力としてコンピテンシーという考え方が提唱され人事考課にも取り入れられてきた経緯がある（小川 2019）。企業の人事考課では，潜在的能力を学歴で見たり，また，顕在化した能力を労働者が実際に挙げた業績・成果で見る成果主義が試みられてきたが，学歴や業績・成果の評価をベースとした人事考課の弱点を補完する手法として，実際の業績・成果と高い相関性がある個人の行動特性（コンピテンシー）に着目し，そうした行動がとれたか，出来るようになったかどうかで処遇する人事考課・管理が企業に広がっていった。

　そうした民間企業の人事考課の経緯や新学力の提唱がされてきた社会経済的背景も踏まえると，コンピテンシーの概念や新学力観はハイパー・メリトクラシー，能力主義の新バージョンであるという批判も一理

あるように思う。ただ、産業・経済、就業の構造的変化が加速度的に生じている現在、そして、今後の人口知能等の飛躍的発展を考えた時、変化に主体的に対応していくには、仕事に関係する特定の産業分野の専門的知識・技能と共に、高次の汎用型能力、エンプロイ・アビリテイを身に付けることも重要であることは否めない。新学力の育成をめぐっては、そうした争点も孕んだ課題であることにも留意が必要である。

（2）潜在化された貧困と格差

　1990年代以降の経済・産業と就業の構造的変化が、新学力の育成を課題としてきたが、同時期に、日本社会にもたらしたもう一つの問題が、教育格差、子どもの貧困の顕在化であった。

　戦後の日本では、長い間、教育格差問題は殆ど真正面から取り上げられることはなかった。逆に、1960年代以降、高度経済成長を背景にした学校制度の整備拡充が、高校、大学への進学率を急上昇させ、教育の機会均等の保障を拡大することを通して教育格差を縮小してきたと肯定的に評価されてきた。そこには、経済成長を背景に企業・学校・家庭の三位一体による生活保障のシステムが1980年代まで機能してきたという背景がある。

　企業・学校・家庭の三位一体による生活保障とは、新規学卒者の一括採用等を特徴とする日本型経営・雇用により、学校から企業・職業への「間断のない移行」（中村　2014）が、安定した雇用を基盤に、男性稼ぎ主の給与に妻子の扶養コストを含めた家族賃金（生活給）と、子どもの成長に伴う扶養控除など子育て・教育費の負担を一部軽減する工夫等が結び付くことで、家族主義の規範を強化し家族主義の下に保育・福祉と共に教育を担う日本型の生活保障のシステムのことをいう（宮本　2009：pp.40-48）。即ち、戦後初期から1980年代までは、経済と教育

は極めて良好な環境の中にあったということである。1970年代初頭の石油ショック，ドルショックの時期等，多少の落ち込みはあったが，長期に及ぶ経済成長を背景に，慢性的な若年労働力の不足もあり，各段階の学校を卒業すれば学校歴に応じた就職も確実にできたというように，学校から職業への移行も安定していた。また，堅調な経済成長もあって国の税収と家庭の所得も右肩上がりが続き，教育への投資もある程度余裕があって高校，大学への進学率も急上昇していった。そうした経済成長を背景に，国民の生活と所得の全体的な底上げにより，教育の不平等や格差が見えにくくなっていただけであった。つまり，全体が底上げされていけば，社会階層の中間や下部でも所得の上昇が感じられるため，格差意識がその分薄らぐという状況が生じていたのである。

（3）顕在化した貧困と格差

　1990年代以降の経済のグローバル化とそれに伴う国内外の産業・就業構造の変化は，それまで続いていた学校から職業へのスムーズな移行に揺らぎをもたらした。人工知能等の生産技術の飛躍的発展と経済のグローバル化を伴う産業・就業構造の変化は，国内の堅調な中間階層の雇用先であった製造業や単純手作業・知的作業の仕事を，コンピュータ・人工知能等に代替させたり国外に移転させたりして，国内の失業や非正規雇用労働者比率を高めていくことになった。国内雇用の基軸が，製造業から情報・サービス産業に移行するなかでITや情報，金融等の成長産業と，福祉・介護等の処遇が劣悪で不安定な雇用や非正規雇用，さらには失業という対比的な状況が出現したことにより，それまで機能していた企業・学校・家庭の三位一体による生活保障システムが解体され（宮本 2009：pp.49-57，等），隠されていた教育格差の問題が顕在化してくることになった。

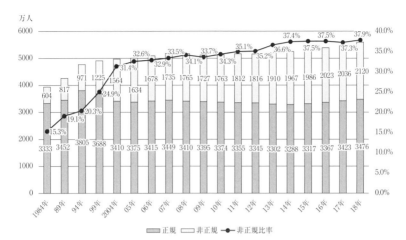

図15-1　正規雇用と非正規雇用の数及び非正規比率の推移（再掲）

出典：厚生労働省「労働力調査」等より作成。

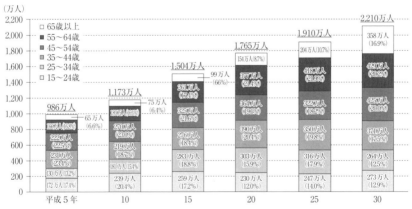

図15-2　非正規雇用者の年齢別推移

出典：平成10年までは総務省「労働力調査（特別調査）」（２月調査）長期時系列表９表，
　　　平成15年以降は総務省「労働力調査（詳細集計）」（年平均）長期時系列表10より。

　なかでも，若年労働者の失業率や非正規雇用の比率の高さは非常に深刻な状況となっている。政府の「労働力調査」等のデータによると，非正規雇用割合は，1984（昭和59）年の15.3％から2018（平成30）年の37.9％に増加しており（**図15 - 1**），年齢別では，近年，65歳以上の層の割合が高まっているが，若年層と子育て世代層も高止まりの割合で推移している（**図15 - 2**）。そうした若年層や子育て世代層の不安定雇用と低賃金が固定化するなかで，日本の「子どもの貧困率」が世界でも高いことが指摘され「子どもの貧困」問題が注目されるようになっている[1]。

2. 教育を巡る諸問題

（1）「日本型成功モデル」の揺らぎと教育制度再構築の課題

　今日，学校・企業・家庭の三位一体の「日本型成功モデル」が崩壊しつつあることが指摘されており，同時にそれに代わる新たな制度の構築が求められている。モデル崩壊の局面は，次のような状況の変化の中に見ることができる。

　第一に，雇用の不安定化が進んでいることである。特に，若年層の非正規雇用や失業が増加，常態化し，従来，社会保障の対象とはされてこなかった若年層の職業訓練や教育が新たな社会保障と教育の課題として浮上してきている。広井良典の言う「人生前半の社会保障」と「後期子ども期」の課題であり，三十歳前後の「時期に対する社会的な対応は，狭義の教育だけで完結するものではなく，雇用や社会保障等と一体的に考えていく必要」（広井 2006，p.91）が新たに生じているのである。第二は，子育て世代層の雇用されている者も，給与の抑制・削減や日本型

1　子どもの貧困とは，可処分所得の中央値の50％以下の所得で暮らす相対的貧困の17歳以下の子どもの存在及び生活状況を言い，一般的家庭の所得水準の半分にも満たない水準で暮らしている子どもたちがどれだけいるのかということを指す基準である。2015年度の厚生労働省調査によれば日本の「子どもの貧困率」は13.4％で，7人に1人の子どもが貧困状態にあることになる。

人事体制の見直しが進行する中で，家庭が子育て・福祉，教育等の諸経費を賄えなくなっていることである。従来，それら諸経費は年功的給与体系に伴う生活給で一部補われてきたが，給与抑制と生活給の縮減・廃止等でそうした生活保障機能が大きく後退してきている。これまで企業や家庭に依存してきたそれらコストを新たに社会が負担していくシステムを考えていくことが避けられなくなっている（濱口　2009，p.149）。かつては，与野党で鋭く対立していた教育格差や子どもの貧困への対応，そして，幼児教育や高等教育の教育費負担を巡っても，近年では，その具体的制度改革プランには対立点があるとは言え，教育格差の是正や子どもの貧困対策，幼児教育や高校，高等教育の負担軽減と無償化，そして，社会（職業）人が必要に応じて学び直しのできる教育制度の構築の必要性は，与野党を超えて広く共有されてきている（小川　2019）。その背景には，旧来の生活保障システムの崩壊に直面して，それらコストを社会がどう新たに負担していくかという課題意識の共有化が進んでいることがある。それは，旧「日本型成功モデル」の崩壊に対して，既に崩れつつあった会社や家族に社会保障や教育の負担を負わせ，政府の責任・負担を軽くしようと試みた1980年代の「日本型福祉社会論」の失敗を経て（飯尾　2013：pp.228-229），漸く，そうしたコストを社会＝政府の責任・負担で担っていく必要性が広く認識されてきた結果でもあった。

（2）学齢児童生徒数の推移（減少）予測とその及ぼす影響

　日本の人口は，2008年の１億2808万人をピークとして長期の人口減少期に入り，2050年には１億人前後となる。さらに2065年には８千万人台にまで減ると推計されている（**図15－3**）。初等中等教育対象人口の推移（推計人口区分の０歳～14歳の人口が３年後にそのまま３歳～17歳に

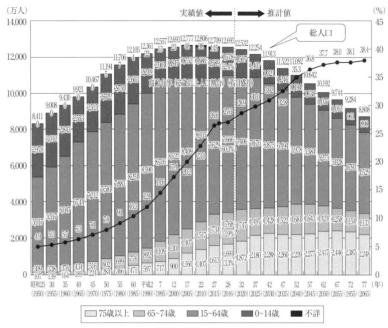

図15-3　日本の年齢区分別人口数の推移

出典：「平成29年版高齢社会白書」より。

達すると仮定）を見ると，2010年の1680万人が2050年に1077万人，2065年には900万人台を切ると推計されている。総人口と学齢児童生徒の減少は，当然に学校そのものの存続を困難にする。また，学校の配置や規模，教職員の配置・数などにも影響を及ぼし，児童生徒の学習環境と学校システムのあり方を以下のように再検討することが不可避になると思われる。

　[学校の統廃合と再配置]　国土交通省「近年の人口動向について」（2018年12月）によれば，2050年には全国の約半数の地域で人口が50％以上減少し，沖縄県等一部地域を除き，人口の増加がみられる地域は都

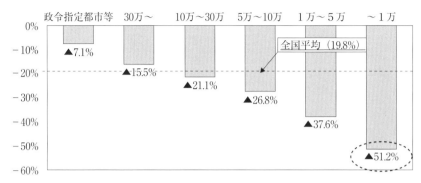

図15−4　市町村の人口規模別の人口減少率

出典：国土交通省「近年の人口動向について」2018年12月より。

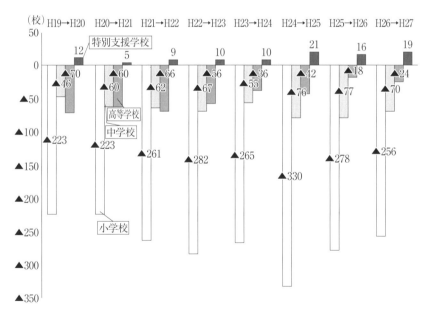

図15−5　学校数の増減（小学校，中学校，高校，特別支援学校）

出典：文部科学省「学校基本統計」より。

市部に限られるとされている（なお，2005年国勢調査時点の無居住地域は国土の51.9％であったが，2050年には62.3％に拡大すると推計されている）。また，人口規模が小さい市区町村ほど人口減少率が高くなる傾向があり（**図15－4**），特に2015年時点の人口が１万人未満の市区町村に居住する人口は，2050年にはおよそ半分に減少する可能性があり，人口１万人を割る市町村が523自治体（全市町村の約３割）に上ると推計されている。

　児童生徒数の減少と市町村人口規模別の人口減少率の違いは，特に，小規模市町村における学校の存続と適正配置を困難にしていくと予想される（**図15－5**）。

　［学校の小規模化］児童生徒数の急減は，一定規模以下の市町村においては学校の適正規模を維持できないという問題として顕在化している。

　現行法令では，小中学校の適正規模は，学級数がおおむね12学級から18学級，また，通学距離が，小学校では概ね４km以内，中学校は概ね６km以内であることとされている（学校教育法施行規則，義務教育諸学校等の施設費の国庫負担等に関する法律施行令，等）。

　公立小中学校の規模別の学校数割合を見てみると，2018年度現在で，小学校（19428校）では，５学級以下９％，６～11学級34.2％，12～18学級30.4％，19～24学級16.4％，25～30学級7.0％，31学級以上2.9％，中学校（9341校）では，１～２学級1.5％，３～５学級18.3％，６～11学級31.4％，12～18学級33.0％，19～24学級12.0％，25～30学級3.3％，31学級0.4％となっている。この間，市町村合併などを背景に学校の統廃合が進んだこともあり，学校の小規模化が急速に進行していたわけではなかった。しかし，今後，児童生徒数が減少することにより，市町村によっては学校の統廃合をこれ以上進めることが困難になる地域も増え，学

校の小規模化が進んでいくことが予測される。

　[教職員数の減少と配置] 学校への教職員の配置・数は，法令により学級数をベースに決まっている。そのため，学級数が減少すると配置される教職員数は減ることになる。児童生徒にとっても，また，教職員にとっても，教科の専門性，男女の性別や年代構成，個性等においてバランスのとれた教職員の配置が望ましい。しかし，学級数が一定数以下の小学校では専科教員が配置されないといったことや，同様に，中学校でも5学級以下の学校では全教科（10教科）の専任教員が揃えられないという実態もある。また，教職員数が少なくなると，同学年，同教科の教員同士で相談したり教え合ったりすることも難しくなり，日々の校内研修も儘ならない事態となる。

（3）児童生徒数減少に向けた諸方策

　文部科学省は，児童生徒数の減少を見通して，2015年に報告書『公立小学校・中学校の適正規模・適正配置等に関する手引～少子化に対応した活力ある学校づくりに向けて～』（2015年1月27日）を公表している。この報告書では，自治体，地域において学齢児童生徒が減少する中で，学校統廃合を行うか，あるいは，学校を残しつつ小規模校の良さを活かした学校づくりを行うか等は，地域の実情（学校が都市部にあるのか過疎地にあるのか等）に応じたきめ細かな分析に基づいて各設置者の主体的判断で決定すべきであるとしている。また，学齢児童生徒数の減少から直ちに学校の統廃合を選択することをせず，地域の核としての学校の性格や地理的要因・地域事情等に配慮する必要から，特に過疎地など，地域の実情に応じて課題の克服を図りつつ，小規模校の存続を選択する市町村の判断も尊重すべきであるとしている。

　児童生徒が少ない小規模学校の問題点としては，①（学校運営上の課

題）では，・クラス替えできず人間関係が固定化，・集団行事の実施に制約，・部活動の種類が限定，・授業で多様な考えを引き出しにくい，等，②（児童生徒への影響）では，・社会性やコミュニケーション能力が身につきにくい，・切磋琢磨する環境の中で意欲や成長が引き出されにくい，・多様な物の見方や考え方に触れることが難しい，等が指摘されてきた。

　同報告書では，そうした小規模校のデメリットを最小化しつつ，少人数という小規模校のメリットを最大化できるようさまざまな工夫例を下記のように提示している。

○小規模校の良さを活かす方策
　・少人数であることを生かした教育活動（外国語の指導や実技指導等）の徹底
　・個別指導・繰り返し指導の徹底等による学習内容の定着
　・地域の自然・文化・産業資源等を活かした特別なカリキュラムの編成
　・地域との密接なつながりを活かした校外学習・体験活動の充実　等
○小規模校の課題を緩和する方策
　・小中一貫教育による一定の学校規模の確保
　・社会教育施設等との複合化による教育活動の充実
　・ICT の活用による他校との合同授業
　・小規模校間のネットワークの構築　等

　学校教育は，国家社会の重要な基盤であるとともに，教育の保障は，児童生徒にとっては生きていくうえでの基本的権利の１つである。特に，今後，人口減少社会に移行していく日本社会においては，一定の経済規

模と成長を維持し，国民生活の安定向上を図っていくために，一人一人の能力の付加価値と生産性を高めていくことが必要不可欠である。そのためにも児童生徒の減少と学校の小規模化という条件の下でも学習の良好な環境と学校教育の機能を維持していくことが重要となるのである（国立教育政策研究所 2014）。その点は，近年のコロナ感染症禍の下で，一層切実な課題として認識された。コロナ禍による長期休校や学校再開後における児童生徒の安全・健康に配慮した授業及び教育諸活動は，オンライン学習などのICT活用や家庭学習の確保・支援を日常的教育活動にとって不可欠なものとした。人口減少やコロナ禍などさまざまな環境変化に対しても，継続的な教育活動を維持し教育を保障していく体制づくりは必要である。そのためにもわれわれは可能な限りのさまざまの方策に，官民挙げて取組んで行く必要がある。

参考文献

飯尾潤『現代日本の政策体系』ちくま新書，2013

池永肇恵「労働市場の二極化－ITの導入と業務内容の変化について」『日本労働研究雑誌』584号，73頁〜90頁，2009）

井上智洋『人工知能と経済の未来－2030年雇用大崩壊』文春新書，2016

小川正人『日本社会の変動と教育政策－新学力・子どもの貧困・働き方改革』左右社，2019

国立教育政策研究所『人口減少社会における学校制度の設計と教育形態の開発のための総合的研究』（最終報告書）2014

中村高康「日本社会における『間断のない移行』の特質と現状」溝上慎一・松下佳代編『高校・大学から仕事へのトランジション』ナカニシヤ出版，2014

濱口桂一郎『新しい労働社会－雇用システムの再構築』岩波新書，2009

広井良典『持続可能な福祉社会－「もうひとつの日本」の構想』ちくま新書，2006

本田由紀『多元化する「能力」と日本社会』NTT出版，2005

宮本太郎『生活保障―排除しない社会へ―』岩波書店，2009

森川正之『サービス立国論』日本経済新聞出版社，2016

文部科学省『公立小学校・中学校の適正規模・適正配置等に関する手引』（2015年
　1月27日）

【学習課題】

1．1980年代から1990年代の時期に，日本の経済・産業・就業構造に生
　じた変化とそれが学校教育に及ぼした影響につい考えてみよう。

2．日本社会において，1990年代以降，教育格差や子どもの貧困問題が
　注目されるようになった背景，理由をあげてみよう。

3．文部科学省『公立小学校・中学校の適正規模・適正配置等に関する
　手引』（2015年1月27日）を読み，人口減少社会と児童生徒数が減少
　する中で，これからの学校統廃合や小規模校での教育のあり方につい
　て具体的に展望してみよう。

索引

●配列は五十音順

分担執筆者紹介

小川　正人 （おがわ・まさひと）

・執筆章→ 1・5・6・15

1950年	岩手県に生まれる
最終学歴	東京大学大学院教育学研究科博士課程（教育行政学専攻）
主な職歴	九州大学教育学部助教授，東京大学大学院教育学研究科教授を経て，2008年4月から放送大学教授，2020年4月から放送大学特任教授
	東京大学名誉教授，教育学博士
専攻	教育行政学
主要著書	『日本社会の変動と教育政策—新学力・子どもの貧困・働き方改革』（単著　左右社　2019年），『教育改革のゆくえ—国から地方へ』（単著　ちくま新書　2010年），『市町村の教育改革が学校を変える—教育委員会制度の可能性』（単著　岩波書店　2006年），『戦後日本教育財政制度の研究』（単著　九州大学出版会　1991年），『合併自治体の教育デザイン』（共編著　ぎょうせい　2003年），『分権改革と教育行政』（共編著　ぎょうせい　2000年）

翻訳『日本の教育政策過程—1970～1980年代教育改革の政治システム—』（レオナード・J・ショッパ著　三省堂　2005年）

『解説　教育六法』（編修　三省堂　各年度版）等
放送大学教材として，
『教育行政と学校経営』（大学院，共編著，2012年，改訂版2016年），『日本の教育改革』（学部，共編著，2015年），『心理と教育を学ぶために』（学部，共編著，2012年），『現代の教育改革と教育行政』（学部，単著　2010年），『教育経営論』（大学院，共編著，2008年），等

田中　統治（たなか・とうじ）

1951年	鹿児島県に生まれる
学歴	九州大学大学院博士課程単位取得退学
	博士（教育学）
現在	放送大学特任教授
	筑波大学名誉教授
専門	カリキュラム，学校社会学
主な著書	『カリキュラムの社会学的研究』（単著）
	『カリキュラム評価入門』，『現代カリキュラム研究の動向と展望』他（共著）

苑　復傑（YUAN Fujie，えん・ふくけつ）

・執筆章→10

1958年	北京市に生まれる
1982年	北京大学東方語言文学系卒業
1992年	広島大学大学院社会科学研究科博士後期課程満期退学
1982年	中国社会科学院外国文学研究所　勤務
1992年	放送教育開発センター助手，メディア教育開発センター助教授，教授を経て
現在	放送大学教授
専攻	高等教育論，比較教育学，遠隔高等教育
主な著書	放送大学教材『メディアと学校教育2013』，『情報化社会と教育2014』，『教育のためのICT活用2017』，『情報化社会におけるメディア教育2020』放送大学教育振興会出版

編著者紹介

岩永　雅也（いわなが・まさや）

・執筆章→ 1・9・11・14・15

1953年	佐賀県に生まれる
1982年	東京大学大学院教育学研究科博士課程修了
1982〜1985年	大阪大学人間科学部助手
1985〜1989年	放送教育開発センター助手・助教授
1989〜2000年	放送大学教養学部助教授
2000年〜現在	放送大学教養学部教授・博士（学術）
2018年〜現在	放送大学副学長
専攻	教育社会学・生涯学習論・社会調査
主な著書	『現代の生涯学習』（放送大学教育振興会）
	『教育社会学概論』（放送大学教育振興会）
	『才能と教育』（共編著　放送大学教育振興会）
	『格差社会と新自由主義』（共編著　放送大学教育振興会）
	『大人のための「学問のススメ」』（共著　講談社）
	『創造的才能教育』（共編著　玉川大学出版会）
	『社会調査法』（共著　NHK出版社）

岩崎　久美子 （いわさき・くみこ）

・執筆章→7 ・ 8 ・12・13

1962年	宮城県に生まれる
2013年	筑波大学大学院図書館情報メディア研究科修了
現在	国立教育政策研究所総括研究官を経て，放送大学教授
	博士（学術）
専攻	成人教育学，生涯学習論
主な著書	『フランスの図書館上級司書』（単著　明石書店）
	『国際バカロレアの挑戦』（編著　明石書店）
	『私らしい生きかたを求めて―女性と生涯学習』（共編著　玉川大学出版部）
	『経験資本と学習』（共著　明石書店）
	『社会教育・生涯学習研究のすすめ』（共著　学文社）
	『教育研究とエビデンス』（共著　明石書店）
	『キャリア教育への招待』（共著　東洋館出版）

放送大学教材　1720090-1-2111（ラジオ）

現代教育入門

発　行　　2021年3月20日　第1刷

編著者　　岩永雅也・岩崎久美子

発行所　　一般財団法人　放送大学教育振興会

　　　　　〒105-0001　東京都港区虎ノ門1-14-1　郵政福祉琴平ビル

　　　　　電話　03（3502）2750

市販用は放送大学教材と同じ内容です。定価はカバーに表示してあります。

落丁本・乱丁本はお取り替えいたします。

Printed in Japan　ISBN978-4-595-32241-9　C1337